D1718239

David Mondey
Bildbuch der US Air Force

David Mondey

Bildbuch der US Air Force

Stalling

Aus dem Englischen übersetzt von
Helmut Lindemann

Vorwort

Nur wenige Historiker der Luftfahrt haben über ihre nationalen Grenzen hinausgegriffen, um die Geschichte einer ausländischen Luftwaffe zu schreiben. Einer dieser wenigen ist David Mondey. Seine Arbeit verdient Anerkennung.

Seit achtundzwanzig Jahren gehöre ich der großen, noch wachsenden Streitmacht an, deren Chronik David Mondey aufgezeichnet hat. Ich bin stolz und fühle mich geehrt, daß ein »Ausländer« sich die Zeit genommen und die Mühe gemacht hat, das Material zu sichten und dieses Buch zu schreiben.

In der Geschichte der amerikanischen Luftfahrt sind die sechziger Jahre die ereignisreichste Periode gewesen. Um den technischen Fortschritt dieses kurzen Jahrzehnts angemessen zu würdigen, muß man sich die aufregenden Leistungen des vorausgegangenen halben Jahrhunderts noch einmal ansehen. Eben das tut diese Chronik: Sie faßt die Abenteuer und die technischen Fortschritte zusammen. Ich empfehle sie jedem, der an Flugzeugen und Raumforschung interessiert ist.

John W. Keeler
Colonel der US Air Force
Leiter der Informationsabteilung
im Hauptquartier des Air Training Command

Inhalt

Einleitung

Als sich der Abend des 17. Dezember 1903 herniedersenkte, endete ein Tag, der ein Meilenstein in der Geschichte ist. An jenem Tage hatten Orville und Wilbur Wright am Kill Devil Hill bei Kitty Hawk in North Carolina mit ihrem optimistisch *Flyer* getauften Flugzeug den ersten motorgetriebenen, ununterbrochenen und nahezu kontrollierten Flug zurückgelegt.

Ihr Erfolg stand am Ende einer langen Periode, während der sich der Mensch immer wieder bemüht hatte, es den Vögeln gleichzutun. Nun war der Motorflug eine Tatsache. Es ging nur noch um technische Verbesserungen. Ein Ende war erreicht.

Es war aber auch ein Anfang. Unter anderem lieferten die Brüder Wright als erste denjenigen Schriftstellern Material, die heute dadurch fragwürdigen Ruhm zu erlangen suchen, daß sie Menschen herabsetzen, die sich nicht mehr wehren können. Sie haben erklärt, dieser Erfolg von zwei ungebildeten Fahrradmechanikern sei ein Zufallstreffer gewesen; diese hätten lediglich Lilienthals Gleitflugzeug mit dem von Daimler entwickelten Verbrennungsmotor verbunden.

In Wirklichkeit war dies der Anfang, die Probleme des Motorfluges mit Hilfe der Wissenschaft zu lösen. Auch schien es der Anfang eines goldenen Reisezeitalters zu sein. Aber schon nach fünfzehn Jahren, als gegen Ende des Ersten Weltkrieges auch der naivste Betrachter das Potential der Militärluftfahrt ermessen konnte, bemerkte Orville Wright enttäuscht: »Welch ein Traum war es! Und welch ein Alptraum ist es geworden!«

Wie auch immer: Die Brüder Wright schufen den Anfang jener gewaltigen Armada der Lüfte, die wir heute als die United States Air Force (USAF) kennen.

Der Verfasser hofft, daß dieses Buch über die Geschichte der US Air Force dem Leser eine Vorstellung von ihren Zielen vermitteln möge: abermals Ende und Anfang – ein Ende weltweiter Kriege, der Anfang eines dauerhaften Friedens.

Sich erkenntlich zeigen, klingt mir etwas streng. Der Ausdruck erinnert mich eher an die Sprache der Geschäftsleute aus Charles Dickens' Zeit und eignet sich nicht, um meine Dankbarkeit auszudrücken. Das möchte ich aus vollem Herzen gegenüber John W. R. Taylor tun, dem Herausgeber von Jane's All the World's Aircraft, der mich großzügig beraten und ermutigt hat, ebenso gegenüber John Dennison, Historiker der US 3rd Air Force, der nicht nur unermüdlich geholfen, sondern auch mein Manuskript auf historische Genauigkeit geprüft und zahllose Verbesserungsvorschläge gemacht hat, wie auch gegenüber Lewis Nalls aus

Alexandria, Virginia, der es übernommen hatte, aus dem Archiv der USAF die vortrefflichen Bilder auszuwählen, durch die dieses »Bildbuch« entstehen konnte. Bei der Bildbeschaffung haben mir darüber hinaus W. R. Taylor, T. Matsuzaki, Gordon S. Williams, Stephen P. Peltz, The Singer Company, Air Portraits und Brian M. Service geholfen. Schließlich ein herzlicher Dank an Colonel John W. Keeler von der USAF für sein liebenswürdiges Vorwort.

David Mondey

1907 bis 1916: Zwei gehen zusammen

Zwei gehen zusammen, drei sind nichts.
Sprichwort aus dem 19. Jahrhundert.

Am 1. August 1907 schuf das Signal Corps (Nachrichtentruppe) der amerikanischen Armee eine Aeronautical Division (Luftfahrtabteilung), welche die Verantwortung für »alle Dinge mit militärischer Ballonfahrt, Flugmaschinen und allen verwandten Gegenständen« übernehmen sollte. Die Abteilung war nichts Gewaltiges, sondern bestand nur aus drei Männern, von denen einer das Kommando hatte: Captain Charles de F. Chandler. Als sich bald darauf – vielleicht unter dem Einfluß des oben zitierten Sprichworts – einer unerlaubt von der Truppe entfernte, verlor die Luftwaffe die Hälfte ihrer Sollstärke.

Diese scheinbar späte Gründung der Aeronautical Division mag überraschen, angesichts der Tatsache, daß der erste Motorflug schon dreieinhalb Jahre vorher stattgefunden hatte. Das lag vornehmlich an übertriebener Darstellung und schlechter Berichterstattung, die dazu führten, daß die Leistung der Brüder Wright weder gewürdigt noch geglaubt wurde, und zwar nicht nur von der amerikanischen Regierung, sondern von der ganzen Welt. Zudem hatte ein früherer Versuch, einen Schwerer-als-Luft-Flug zu fördern, der Armee nicht geringe Verlegenheit bereitet.

Professor S. P. Langley war 1896 erfolgreich mit einem dampfgetriebenen Modellflugzeug von 4,25 m Spannweite geflogen, das er »Aerodrome« nannte. Auf Veranlassung von General Greely und anderen Offizieren hatte die amerikanische Armee Langley 50 000 Dollar zur Verfügung gestellt, damit er ein ausgewachsenes Modell bauen könnte. Als dieses nicht fliegen wollte – beide Versuche endeten unglücklich, weil das Flugzeug gegen einen Pfosten des Startgerätes prallte –, kritisierten Kongreß und Öffentlichkeit heftig die Armee, weil sie öffentliche Mittel für eine so lächerliche Erfindung verschwendet habe.

Da sie sich einmal die Finger verbrannt hatte, überraschte es nicht, daß die für die Untersuchung neuen Rüstungsmaterials zuständige Kommission für Beschaffung und Befestigungen kein Geld herausrücken wollte, als die Brüder Wright 1905 ihre Erfindung zweimal der amerikanischen Armee anboten. Dort bezweifelte man nicht nur das Vorhandensein des Flugzeuges, sondern war gegen eine mögliche Mißdeutung des eigenen Tuns so empfindlich, daß man nicht einmal mitteilen wollte, welche Anforderungen die Kommission an Militärflugzeuge stellte, als die Brüder Wright sich Ende Oktober 1905 danach erkundigten.

Das war schon mehr als verwunderlich, denn am 5. Oktober hatte

Flyer 3 in 38 Minuten 3 Sekunden eine Entfernung von 38,7 km zurückgelegt.

Erst knapp zwei Jahre später wurde man im Kriegsministerium auf die Fortschritte aufmerksam, welche die Militärluftfahrt in Europa gemacht hatte, und befürchtete, die Vereinigten Staaten könnten allzuweit ins Hintertreffen geraten. Daher beschloß man am 23. Dezember 1907, Angebote für ein Flugzeug einzuholen, das bei einer Geschwindigkeit von 64 km/h zwei Personen 200 km weit befördern könnte. Drei Angebote gingen ein, die am 8. Februar 1908 gebilligt wurden. Schließlich wurde aber nur die Wright-Maschine zum vereinbarten Preis von 25 000 Dollar, worin die Ausbildung von zwei Piloten eingeschlossen war, geliefert.

Das Flugzeug, das die Brüder Wright bauten, um den Anforderungen der Armee zu genügen, war eine Variante ihres *Flyer* von 1905; sie wurde von einem 30-PS-Motor angetrieben und konnte zwei Personen befördern. Genau wie die früheren Modelle hatte sie Gleitkufen für die Landung und wurde von einer Schiene gestartet. Sie lieferten die Maschine in Fort Meyer, Virginia, ab. Vom 3. September 1908 an fanden Schauflüge statt. Tausende schauten zu, waren vom Motorflug begeistert und erkannten zum erstenmal, daß die Brüder Wright keineswegs übertriebene Behauptungen aufgestellt hatten.

Leider nahmen die Flüge nach vierzehn Tagen ein trauriges Ende: Das Flugzeug stürzte ab, Orville Wright wurde schwer verletzt, und sein Passagier, Lt. Thomas E. Selfridge, kam ums Leben.

Erst im Juni 1909 lieferten die Brüder Wright ein verbessertes Modell ihrer Maschine von 1908 nach Fort Meyer, wo Orville Wright mit Lt. Frank P. Lahm als Passagier am 27. Juli mit 1 Stunde 12 Minuten 40 Sekunden den Weltrekord im Dauerflug mit zwei Personen aufstellte. Am 2. August nahm die Armee diese Maschine ab, die der Star in Washington als »Flugzeug Nr. 1, Schwerer-als-Luft-Abteilung der Luftflotte der Vereinigten Staaten« bezeichnete. Eigentlich war es Flugzeug Nr. 1 des Signal Corps.

Da die Armee nun den Kern einer Luftwaffe besaß, benötigte sie als nächstes Piloten, welche die Maschine fliegen konnten. Aufgrund des Vertrages bildete Orville Wright die Lt. Lahm und Frederic E. Humphreys aus, die beide bis zum 26. Oktober Alleinflüge absolviert hatten. Binnen zehn Tagen war die neue Luftwaffe wieder auf dem Nullpunkt angelangt: Lahm und Humphreys flogen »Nr. 1« zu Bruch; kurz darauf kehrten die Piloten zu ihrem normalen Dienst zurück.

Während die Maschine repariert wurde, beschloß die Armee, ihr Fliegerzentrum für den Winter nach Fort Sam Houston in Texas zu verlegen, da man sich dort bessere Flugbedingungen versprach.

Der einzige im Flugdienst verbliebene Offizier, Lt. Benjamin D. Foulois – im Ersten Weltkrieg wurde er Chef des amerikanischen Air Service in Übersee –, war dafür verantwortlich, daß die reparierte Maschine für den Transport nach Texas verpackt wurde; dort traf er im Februar 1910 ein. Am 2. März war »Nr. 1« flugbereit, und Foulois übernahm als ihr Pilot die Verantwortung. Die Brüder Wright schickten ihm per Post eine Fluganleitung und dazu einen Lehrer, der ihm behilflich sein sollte, die heikle Kunst des Landens zu meistern. Er lernte gut; von März bis September unternahm er 61 Flüge und genoß die Auszeichnung, der einzige Pilot des einzigen Flugzeuges der Armee zu sein.

Anfang 1911 überließ der Verleger Robert F. Collier dem Signal Corps leihweise eine Wright-Maschine vom Typ 8; das geschah keinen Augenblick zu früh, denn am 4. Mai war die rasch alternde »Nr. 1« außer Dienst gestellt worden. Nach ihrer Renovierung wurde sie in der Smithsonian Institution ausgestellt.

Zu jener Zeit entsprachen in Amerika der Mangel an Begeisterung für die Militärfliegerei und die finanziellen Schwierigkeiten den Erfahrungen, welche in Großbritannien die Ballon-Abteilung der Königlichen Pioniere gemacht hatte. So hatte bis 1911 der amerikanische Kongreß nicht einen einzigen Cent für die Finanzierung der Militärluftfahrt zur Verfügung gestellt, und mit dem Versuch, für seine Fliegerei jährlich 200 000 Dollar bewilligt zu bekommen, kämpfte das Signal Corps auf verlorenem Posten. Typisch für die Einstellung im Kongreß war die angebliche Bemerkung: »Wozu dieses Theater wegen Flugzeugen für die Armee? Wir haben doch schon eins!«

Aber der Wendepunkt war nahe. Im März 1911 wurde der Kongreß endlich weich und bewilligte 125 000 Dollar. Davon standen 25 000 Dollar sofort zur Verfügung, und James Allen, Chef des Signal Corps, bestellte umgehend fünf neue Flugzeuge; eines davon war die erste militärische Version des Curtiss-Doppeldeckers Modell D mit Druckpropeller. Dies wurde Flugzeug Nr. 2 des Signal Corps. Sein Erbauer Glenn L. Curtiss, der die erste Firma für Flugzeugbau in den USA gegründet hatte, war zugleich ein Pionier der amerikanischen Fliegerei. Auf North Island in der San Diego Bay gründete er im Winter 1910/11 eine kleine Fliegerschule – daraus wurde später die erste ständige Luftfahrtschule der Armee – und lud Armee und Marine ein, Offiziere zum kostenlosen Flugunterricht zu entsenden.

Die ersten drei, die im Januar 1911 für die Ausbildung ausgewählt wurden, waren alle Armeeoffiziere: Lt. Paul W. Beck, Lt. G. E. M. Kelly und Lt. John C. Walker Jr. Im April stießen sie in Fort Sam Houston zu Foulois; dort kam es am 10. Mai zum ersten tödlichen Unfall bei der Fliegerausbildung. Bei dem Versuch, Truppen, die an einem Manöver teilnahmen, auszuweichen und mit seiner Curtiss-Maschine eine Bruchlandung zu machen, kam Lt. Kelly ums Leben. Die Folge war, daß der kommandierende General jede weitere Flugtätigkeit im Fort verbot.

Das hätte für die Luftwaffe einen weiteren Rückschlag bedeuten können, wäre nicht in College Park in der Nähe von Washington D.C. der Bau einer Fliegerschule bereits begonnen worden. Im Juni und Juli übersiedelten Piloten und Flugzeuge in die neue Schule, und das Fliegen wurde so schnell wie möglich wiederaufgenommen. Foulois wurde nach Washington versetzt, und Capt. Chandler, der wieder einmal Chef der Aeronautical Division war, wurde Kommandant in College Park.

Damals besaß die Armee keine eigenen Prüfungsbedingungen für Piloten und übernahm daher die Vorschriften der Fédération Aeronautique Internationale (FAI). Unter den ersten Schülern, die sich als Piloten qualifizierten, war Lt. Henry H. (»Hap«) Arnold, ein Mann, der später enormen Einfluß auf die USAF ausüben sollte. Er war zusammen mit Lt. T. D. Milling in Simms Station in Dayton, Ohio, ausgebildet worden, und diese beiden waren die ersten Armeepiloten aus der Wright-Schule.

Daß Mittel vorhanden waren, merkte man an der Erweiterung der Flugtätigkeit in den Jahren 1911 und 1912. Zu den Erfolgen gehörte ein Querfeldeinflug von 67 km, ein Höhenrekord des Lt. Arnold von 1425 m, Experimente mit Luftfotografie und Nachtflügen sowie erste Flugversuche mit Bombenzielgeräten und Maschinengewehren. Im August 1912 wurden schließlich auch kombinierte Manöver mit Bodentruppen abgehalten.

Im November 1912 zählte die College-Park-Fliegerschule 14 Fliegeroffiziere, 39 Unteroffiziere und Mannschaften sowie 9 Flugzeuge, darunter auch Wasserflugzeuge. Zum erstenmal schien die Luftwaffe eine gewisse Stabilität erreicht zu haben, und ihr stetiger Ausbau war wohl nur eine Frage der Zeit.

Um diese Stabilität zu erreichen, hatte ein Armee-Erlaß vom 27. Mai 1912 die Piloten durch Einführung des Dienstgrades Militärflieger (Military Aviator) offiziell anerkannt. Wer die Prüfung bestand – insgesamt 24 Offiziere –, durfte ein besonderes Abzeichen tragen und erhielt außerdem ein Diplom als Militärflieger. Um die Stellung weiter anzuheben, bewilligte der Kongreß ein Jahr später eine 35prozentige Soldzulage für höchstens 30 Offiziere, die regulär zum Flugdienst eingeteilt waren.

Trotz dieser Versuche, den Piloten mehr Anreize zu verschaffen, war die Stimmung im Frühjahr 1913 bedenklich tief abgesunken, was an mangelndem Vertrauen zur Führung und außerdem an einer hohen Unfallquote lag. Piloten der 1. Fliegerstaffel (Aero Squadron), die als provisorische Einheit bei der 2. Division in Texas City Dienst tat, schickten eine Petition an den Chef des Signal Corps, Brigadier General George P. Scriven, und meldeten ihre Beschwerden. Das war nur das erste einer Reihe von Vorkomminissen, die dazu führten, daß die Armeepiloten als so launisch wie ein Haufen Filmstars galten und später folgendermaßen geschildert wurden: »Es fehlt ihnen an Disziplin und am rechten Verständnis der Dienstgebräuche und der Pflichten eines Offiziers.« Sie forderten in erster Linie Kommandeure mit Flugerfahrung, und gerade dieser Umstand trug schließlich dazu bei, daß die Luftwaffe selbständig wurde.

Eine weitere wichtige Entscheidung führte Ende 1913 dazu, daß die College-Park-Schule geschlossen und North Island als Fliegerschule des Signal Corps ausersehen wurde. Dort wurden erstmals verwandte Fächer wie Maschinenbau, Naturwissenschaften und Meteorologie in den Lehrplan aufgenommen.

Daher konnten sich die Vereinigten Staaten, als sich 1914 die Gewitterwolken des Krieges über Europa zusammenballten, in dem Gedanken glücklich preisen, daß ihre Luftwaffe endlich einigermaßen fest gegründet war. Zweifellos lagen sie in der Militärfliegerei weit hinter Europa zurück. Ihre Flugzeugindustrie überwand gerade erst das Experimentierstadium mit ausgefallenen Entwürfen. Eine Flugmotorenindustrie gab es praktisch nicht. Der Kongreß hatte für den Versuch, eine schlagkräftige Luftwaffe zu schaffen, nur ein Almosen bewilligt – soweit es überhaupt geeignete Maschinen zu kaufen gab!

Nicht das kleinste Problem bestand darin, Piloten zu bekommen und zu behalten. Die hohe Quote tödlicher Unfälle – 12 der ersten 48 zum Flugdienst eingeteilten Offiziere kamen um – war der Anwerbung nicht gerade förderlich. Sie ließ nicht nur das Kriegsministerium zögern, Offiziere aus anderen Waffengattungen zum Flugdienst abzukommandieren, sondern hatte auch zur Folge, daß sich weniger Freiwillige meldeten, weil diese in der Fliegerei keine Zukunft sahen.

Vor allem aber fehlte es an der richtigen Motivation. Es gab wenig Geld, keine wesentlich erscheinenden militärischen Pflichten, und die Vorgesetzten zeigten wenig Interesse oder Anerkennung für die Leistungen der Truppe. Angesichts solcher Gleichgültigkeit überrascht es nicht, daß es dem Signal Corps immer schwerer fiel, seine Luftwaffe zu erhalten.

Gesetzlich anerkannt wurde die Armeefliegerei erst am 18. Juli 1914, als der Kongreß die Errichtung der Luftfahrtabteilung des Signal Corps mit Lt. Samuel Reber als Kommandeur beschloß; ihm unterstanden 60 Offiziere sowie 260 Unteroffiziere und Mannschaften. Erstmals wurden die Aufgaben der Luftfahrtabteilung klar umschrieben, und das bedeutete zusammen mit einer besseren Finanzierung die Lösung des Hauptproblems.

Natürlich ließen sich die Mängel der Ausrüstung damit nicht beseitigen. Den ersten Schritt dazu tat das Signal Corps, als es über alle Flugzeuge mit Druckpropellern den Stab brach, denn sie hatten die meisten tödlichen Unfälle verursacht. Als diese verschwunden waren, gab es nur noch sehr wenige Flugzeuge. So hatte man in North Island nur noch 5 Schulflugzeuge, und selbst diese mußten, um überhaupt benutzt werden zu können, gründlich überholt werden. Das Ausbildungsprogramm hielt man dadurch am Leben, daß man von Glenn L. Martin in Los Angeles ein Sportflugzeug kaufte und in ein zweisitziges Schulflugzeug mit doppelter Steuerung umbaute. Glücklicherweise stand ein wichtiges Flugzeug unmittelbar vor seiner Indienststellung: Am 24. Juni 1914 traf in San Diego der erste Curtiss-JN-1-Doppeldecker mit Zugpropeller ein (Signal Corps Nr. 29), der Vorläufer einer Reihe von Schulflugzeugen.

Es genügte jedoch nicht, nur einen wirklich zuverlässigen Typ zu besitzen. Da ein ziemlich buntes Sammelsurium von frühen Typen für die Instandhaltung einen Alptraum bedeutete, erschien es der Luftfahrtabteilung damals vernünftig, nach einem Standardflugzeug zu suchen, das ihren Anforderungen an Sicherheit und Leistung entsprach. Ein im Oktober 1914 ausgeschriebener Wettbewerb lieferte nur ein einziges Flugzeug, das den Anforderungen genügte, nämlich vier Stunden nonstop fliegen und voll beladen auf 1200 m steigen zu können. Glücklicherweise sah man bald ein, daß das Tempo der Entwicklung von Flugzeugen und Motoren eine solche Standardisierung nicht zuließ. Sie würde nur dazu führen, daß jeder Versuch, mit neuen Flugzeugen und unerprobten Verfahren zu experimentieren, im Keim erstickt würde.

Trotz aller Schwierigkeiten wuchs die Luftfahrtabteilung und verbesserte allmählich ihre Organisation. Im Dezember 1914 forderte General Scriven 4 Staffeln zu je 8 Flugzeugen zuzüglich einer Reserve von 50 Prozent; jede Staffel sollte 20 Offiziere sowie 90 Unteroffiziere und Mannschaften haben. Noch nicht ein Jahr später plante er 18 Staffeln zu je 12 Flugzeugen, doch solchen Umfang erreichte die Armeefliegerei erst, als Amerika in den Ersten Weltkrieg eintrat.

Inzwischen war die 1. Fliegerstaffel, die seit ihrer Entstehung Anfang 1913 ein etwas kümmerliches Dasein gefristet hatte, im September 1914 in San Diego offiziell reorganisiert worden und zählte jetzt insgesamt 16 Offiziere, 75 Unteroffiziere und Mannschaften und 8 Flugzeuge unter dem Kommando von Capt. Foulois. Sie stellte nicht nur die gesamte taktische Luftmacht der Armee dar, sondern wurde schon wenige Monate nach ihrem Eintreffen in Fort Sam Houston im November 1915 die erste taktische Lufteinheit der Amerikaner, die unter kriegsmäßigen Bedingungen erprobt werden sollte.

Am 9. März 1916 überfiel Pancho Villa, der bekannteste unter den revolutionären Führern, die in Nordmexiko gegen das Carranza-Regime kämpften, die Stadt Columbus in New Mexico und tötete 17 Amerikaner. Die amerikanische Regierung reagierte sofort auf dieses tollkühne Unternehmen und befahl Brig.-Gen. John J. Pershing, er solle Villa mit einer 15000 Mann starken Truppe nach Mexiko hinein verfolgen und tot oder lebendig gefangen nehmen. Zur Unterstützung wurde die 1. Fliegerstaffel nach Columbus verlegt, wo Capt. Foulois mit 8 Flugzeugen, 10 Offizieren sowie 84 Unteroffizieren und Mannschaften am 15. März eintraf; bis Mai zählte seine Staffel 16 Offiziere und 122 Mann.

16

Ihre Erfolgsaussichten waren gering, denn ihre zerbrechlichen Maschinen waren Operationen im Gebirge kaum gewachsen, wo Notlandungen ein alltägliches Risiko waren und Windböen, Sand- und Schneestürme noch hinzukamen.

Wenn sie auch keine Erfolge zu melden vermochten, konnten sie doch einige Abenteuer verzeichnen. So landeten zwei Flugzeuge in Chihuahua City in Mexiko mit Telegrammkopien für den amerikanischen Konsul. Foulois' Flugzeug wurde von einer Gewehrsalve getroffen, ehe er verhaftet und ins Gefängnis gesperrt wurde. Dargue, der Pilot der zweiten Maschine, vermochte sich dieser Behandlung zu entziehen. Während er aber auf der Suche nach dem mexikanischen Ortskommandanten war, bei dem er Foulois' Freilassung erreichen wollte, umringte eine Menschenmenge seine Maschine, brannte mit Zigaretten Löcher in die Tragflächen, schlitzte die Verkleidung des Rumpfes auf und entfernte Nieten, Schrauben und alles, was leicht mitzunehmen war. Als Foulois aus dem Gefängnis entlassen worden war, gelang es zwar, beide Maschinen wieder zu starten, doch mußte Dargue alsbald notlanden, weil das Oberteil des Rumpfes davonflog und die Heckflosse beschädigte. Nachdem er glücklich gelandet war, hatte er die unangenehme Aufgabe, seine Maschine gegen eine aggressive Volksmenge zu verteidigen, bis schließlich mexikanische Soldaten eintrafen, um die Maschine zu bewachen. In der Nacht wurde sie eilends repariert, und um halb sechs Uhr am nächsten Morgen gelang es ihm, heil davonzukommen.

Am 20. April waren nur noch zwei Maschinen der 1. Fliegerstaffel flugbereit; als sie aber von ihrem Einsatz nach Columbus zurückkehrten, mußten sie ebenfalls abgewrackt werden. Nicht besser erging es den Ersatzmaschinen, doch blieb die Staffel trotzdem bis Anfang 1917 in Columbus stationiert.

Das beinahe katastrophale Ende der Operationen in Mexiko machte nun auch der amerikanischen Regierung deutlich, wie außerordentlich dürftig die Armeeluftfahrt ausgerüstet war. Zu einer Zeit, da Militärflugzeuge in Europa im täglichen Kampf ihre robuste Zuverlässigkeit bewiesen, schienen die eigenen Maschinen nur zu kurzen, friedlichen Flügen bei schönem Wetter zu taugen. Die Antwort darauf war im August 1916 die Bereitstellung der beispiellosen Summe von 13 281 666 Dollar für die Militärluftfahrt.

Leider war das Kind schon in den Brunnen gefallen. Noch soviel Geld konnte nicht Flugzeuge, Motoren und sonstige Ausrüstung kaufen, die nicht vorhanden waren. Nicht als einziges Land machte Amerika die schmerzliche Erfahrung, daß eine vorausschauende, erfolgreiche Luftfahrtindustrie der Sprößling ebenso vorausschauender Eltern ist, also einer klugen Regierung.

Innerhalb der kurzen Zeit, die noch blieb, bis die USA in den europäischen Konflikt hineingezogen wurden, war es zwar nicht mehr möglich, umwälzend neue Flugzeuge zu beschaffen, doch waren immerhin gewisse Verbesserungen möglich. Der National Defense Act von 1916 verstärkte die Luftfahrtabteilung und schuf eine Reserve: Der Amerikanische Aero-Club, der in verschiedenen Staaten schon als Motor für die Organisierung von Flugbegeisterten gewirkt hatte, stellte ein wichtiges Reservoir für fliegendes Personal dar.

Das Signal Corps war sich über die vor ihm liegende Aufgabe im klaren und bemühte sich energisch, die Ausbildungsmöglichkeiten zu verbessern. Bis Oktober 1916 befanden sich in San Diego 45 Offiziere in Ausbildung. In Mineola im Staat New York wurde eine neue Schule geschaffen, die Bewerber für das Reservekorps und die National Air Guard ausbildete, und eine neue Fliegerschule wurde in Essington, Pennsylvania, eröffnet. Außerdem begannen zivile Fliegerschulen, Reservisten für die Luftfahrtabteilung auszubilden. Einer der ersten Schüler der zivilen Schulen war Major William (»Billy«) Mitchell, der im Herbst 1916 stellvertretender Chef der Luftfahrtabteilung wurde.

1916 billigte das Kriegsministerium die Aufstellung von 7 Staffeln zu je 12 Flugzeugen. Von ihnen sollten die 1., 3., 4. und 5. Staffel in den Vereinigten Staaten stationiert sein, die 2. auf den Philippinen, die 6. auf Hawaii und die 7. in Panama. Anfang 1917 waren alle Staffeln aufgestellt.

Von diesen sieben Staffeln war nur die 1. vollständig organisiert und ausgerüstet – wenn dies das richtige Wort ist. Mit dieser unerprobten und, was die Maschinen anging, verzweifelt schwachen Luftwaffe traten die Vereinigten Staaten in den Ersten Weltkrieg ein – ein Krieg, der schon seit fast drei Jahren Millionen Männer in ein blutiges, tödliches Ringen verstrickt hatte.

1917 bis 1926: Ein anderer Kurs

Europa hat eine Reihe von Hauptinteressen, zu denen wir gar kein oder nur ein sehr entferntes Verhältnis haben. Daher wird es häufig in Streitigkeiten verwickelt, deren Ursachen unseren Angelegenheiten wesensmäßig fremd sind… Unsere besondere, distanzierte Lage lädt uns dazu ein und ermöglicht uns, einen anderen Kurs zu steuern.
George Washington, Abschiedsrede 1796

Aufgrund seiner geographischen Lage war es Amerika lange verhältnismäßig leicht gefallen, isolationistische Politik zu treiben. Sein Burggraben war tief und breit, und es konnte sich weitgehend selbst versorgen.

In interkontinentale Fragen war es vor 1917 militärisch nur zweimal verwickelt worden: im spanisch-amerikanischen Krieg und während des Boxeraufstandes in China. Amerikas Verhältnis zu Europa war beeinflußt worden durch eine Politik seiner Regierungen, wie sie George Washington in seiner Abschiedsrede vor dem Kongreß formuliert hatte, und wie sie später in der Botschaft von James Monroe an den Kongreß Ausdruck fand, die als Monroe-Doktrin bekanntgeworden ist.

Bei Ausbruch des Ersten Weltkrieges war Amerika überhaupt nicht darauf vorbereitet, sich an einem Konflikt dieser Größenordnung zu beteiligen, und erklärte alsbald seine Neutralität. Obwohl sein Außenhandel durch die wirksame alliierte Blockade Europas ernstlich gestört wurde, blieb diese Neutralität fast drei Jahre lang bestehen.

Es ist kaum zweifelhaft, daß Amerika in wirtschaftlicher Hinsicht dem Krieg hätte fernbleiben können, aber Sabotage durch deutsche Agenten, die Versenkung der *Lusitania* – bei der 128 Amerikaner umkamen – und wachsende Verluste der Handelsflotte durch U-Boot-Angriffe weckten heftige antideutsche Gefühle. Schließlich wurde ein deutsches Telegramm aufgefangen, das Mexiko, falls es sich mit Deutschland verbündete, versprach, ein siegreicher Kaiser würde allergnädigst dafür sorgen, daß Mexiko die 1848 an die USA gefallenen Gebiete zurückerhielte. Das brachte den Krug zum Überlaufen: Am 6. April 1917 erklärten die USA Deutschland den Krieg.

Der damals in Europa tobende Krieg war durch sein Gemetzel ohne Beispiel. Für alle, die nicht beteiligt waren und von dem eigentlichen Wesen dieses Krieges persönlich keine Kenntnis haben, schildert Remarques *Im Westen nichts Neues* das schier unglaubliche Entsetzen höchst anschaulich: den Matsch, den Dreck, den Leichengestank von Mensch und Tier, die Läuse, das Geist und Körper betäubende Artilleriefeuer, das Gelbgas, das nach Laune des Windes Freund und Feind ersticken ließ, die feisten Ratten, die sich von Toten und Sterbenden nährten.

Auf eine solche Kriegführung war Amerika völlig unvorbereitet. Um es genau zu sagen, es war auf Krieg überhaupt nicht vorbereitet. Der bloße Gedanke, einen möglichen Krieg im voraus zu planen, war dem amerikanischen Volk zuwider, war dem Kriegsministerium durchaus fremd, und selbst Präsident Wilson war empört darüber, daß man dergleichen für nötig halten könnte. Der Stabschef und der Kriegsminister mußten gewichtige Argumente vorbringen, um ihn umzustimmen.

Wenn schon die Armee in moderner Kriegskunst unerfahren war, konnte man kaum erwarten, daß ihr aeronautisches Pflegekind besser geschult und ausgerüstet war. Tatsächlich gehörten zur Luftfahrtabteilung 131 Offiziere, 1087 andere Dienstgrade und weniger als 250 Flugzeuge, deren Qualität und Leistungsfähigkeit mit den Schulflugzeugen der kriegführenden Nationen nicht zu vergleichen waren.

In den zwei Monaten nach Amerikas Eintritt in den Krieg ließen die geringen Mittel, die bewilligt wurden, vermuten, daß das Kriegsministerium für die Luftwaffe nur eine bescheidene Rolle vorgesehen hatte. Die Alliierten aber waren anderer Meinung. Im Mai 1917 forderte der französische Ministerpräsident Alexandre Ribot telegrafisch bei Präsident Wilson ein amerikanisches Fliegerkorps von 4500 Maschinen, 5000 Piloten und 50000 Mechanikern binnen Jahresfrist an, um den Alliierten die Luftüberlegenheit zu verschaffen. Das war eine enorme Forderung, denn die amerikanische Luftfahrtindustrie hatte in den vergangenen dreizehn Jahren insgesamt nicht einmal tausend Zivil- und Militärflugzeuge produziert.

Im Juni 1917 trat Foulois an die Spitze einer Gruppe von Offizieren, die den Auftrag erhielten, ein Produktionsprogramm zu entwerfen. Dieses sah 22625 Flugzeuge und beinahe 44000 Motoren vor, dazu 80 Prozent Ersatz (was nochmals 17600 Flugzeuge bedeutete). Der vom Kriegminister gebilligte Plan wurde von Presse und Öffentlichkeit begrüßt, die von dem Gedanken begeistert waren, riesige amerikanische Luftgeschwader könnten den Feindseligkeiten in Europa rasch ein Ende bereiten. Brig.-Gen. George O. Squier, der Chef des Signal Corps, war so begeistert, daß er an Amerika appellierte, es möge »dem Krieg den Yankee-Schwung verleihen, indem es eine Armee in der Luft schafft, Regimenter und Brigaden beflügelter Kavallerie auf benzingetriebenen fliegenden Pferden«.

Ein solches Programm erforderte gewaltige Geldmittel. Im Juli peitschte der Kongreß die Bewilligung von 640 Millionen Dollar durch; das war für einen einzigen Zweck die größte Summe, die der Kongreß bis dahin bewilligt hatte. Aber Geld und ehrgeizige Pläne waren nicht genug. Im August 1918 einigten sich General Pershing und das Kriegsministerium auf ein realistischeres Programm, das bis zum 1. Juli 1919 202 Staffeln an die Front bringen sollte, darunter 60 Jagdstaffeln, 49 Korps-Beobachterstaffeln, 52 Armee-Beobachterstaffeln, 14 Tagbomber- und 27 Nachtbomberstaffeln. Tatsächlich waren dann bis zum Waffenstillstand nur 45 Staffeln an die Front gelangt.

Im Frühjahr 1918 waren die hochgespannten Hoffnungen des Vorjahres der Enttäuschung gewichen. Die Flugzeugproduktion glich nicht einer Flut, sondern nur einem dürftigen Rinnsal, doch war die Produktion nicht das einzige Problem; es traten auch Wachstumsschmerzen auf, die sich aus der Umorganisation der gesamten Struktur der Militärfliegerei ergaben. Am 21. Mai 1918 schuf Präsident Wilson aus dem Signal Corps das Amt für Flugzeugproduktion und die Abteilung für Militärluftfahrt. Jenes Amt, dem der Vorsitzende des zivilen Luftfahrtamtes vorstand, war verantwortlich für die Produktion von Flugzeugen, Motoren und Ausrüstung. Die Abteilung für Militärluftfahrt unter dem Kommando von Maj.-Gen. William M. Kenly überwachte Ausbildung und

Einsatz. Leider war die mangelnde Koordination beider Stellen dazu angetan, ihr Potential zu lähmen; der Präsident löste das Problem erst am 27. August, als er Ryan zum Direktor des Air Service und zweiten stellvertretenden Kriegsminister ernannte.

Die amerikanische Flugzeugindustrie ist oft deshalb kritisiert worden, weil sie nicht die richtigen Flugzeugtypen in ausreichender Zahl hergestellt habe. Diese Kritik ist kaum gerechtfertigt. Als Amerika den Krieg erklärte, gab es nur 12 Firmen, die imstande waren, für den Staat Flugzeuge zu bauen, und diese Firmen hatten im Jahr 1916 noch nicht einmal 400 Maschinen aller Typen gebaut. Sie ahnten nicht, welche Art von Kampfflugzeugen für den Einsatz in Europa benötigt wurde. Die Schuld daran trifft großenteils die Alliierten, denn ehe Amerika in den Krieg eintrat, hatten sie über alles, was Luftfahrt betraf, eine strikte Zensur verhängt und hatten amerikanischen Offizieren nicht erlaubt, die Verhältnisse an der Front zu studieren.

Als die Armee im Juni 1917 eine Mission unter Führung von Major Raynal C. Bolling an die Front schicken konnte, beschloß man bald, daß es am besten sei, sich auf Entwurf und Bau von Schulflugzeugen zu konzentrieren und Jagdflugzeuge von den Alliierten zu kaufen. Der Beschluß, Jäger lieber zu kaufen anstatt zu bauen, war realistisch und berücksichtigte die Tatsache, daß die rasche Entwicklung neuer Flugzeuge und neuer Verfahren es einer so weit vom Kriegsschauplatz entfernten Industrie äußerst schwer machen würde, auf dem laufenden zu bleiben.

Dagegen entschlossen sich die Amerikaner, zwei britische Flugzeuge im eigenen Lande zu bauen: die de Havilland DH4, ein zweisitziger Aufklärungsbomber, und den Bomber Handley-Page 0/400; dazu kam noch der dreimotorige Caproni-Bomber. In größerer Zahl wurde schließlich nur der erstgenannte Typ gebaut. Als einziges amerikanisches Kampfflugzeug wurde während des Krieges der zweimotorige Martin-Bomber entwickelt, der von zwei Liberty-Motoren angetrieben wurde; er wurde aber nicht mehr rechtzeitig fertig, um noch im Krieg eingesetzt zu werden.

Der Liberty-Motor war die wichtigste Entwicklung der amerikanischen Industrie während des Krieges. Er wurde von Amerikanern und Alliierten verwendet, und bis Kriegsende wurden etwa 16 000 Stück hergestellt. Der einzige andere Motor amerikanischer Herkunft, der in größeren Mengen gebaut wurde, war der Curtiss OX-5, von dem etwa 8 000 in Schulflugzeugen verwendet wurden; ferner wurden etwa 8 000 Motoren der Typen Hispano-Suiza und Le Rhone unter Lizenz gebaut.

Trotz ungeheurer Anstrengungen zeigte jedoch die Schlußbilanz in Amerika gebauter Flugzeuge im Frontgebiet am 11. November 1918 deutlich, wie sehr die Industrie mangels Voraussicht gescheitert war. Von insgesamt 1005 Maschinen waren nur 325 vom Typ DH4 in Amerika gebaut; von 740 Flugzeugen in den Staffeln waren nur 196 DH4.

Wenn aber die Lieferung von Flugzeugen enttäuscht hatte, so durfte man doch annehmen, daß die Amerikaner, Sprößlinge abenteuerlustiger Vorfahren, die diese Maschinen fliegen sollten, sich der Herausforderung gewachsen zeigen würden; das taten sie auch in vollem Umfang. Ihre Aufgabe verlangte ein hohes Maß an Mut, denn es war für eine unerfahrene Flugzeugbesatzung kein Kinderspiel, in den Kampf gegen einen Feind gestoßen zu werden, der in drei Kriegsjahren gestählt und abgehärtet worden war. Ihr Kampfgeist war zweifellos geweckt worden durch die Leistungen von Fliegerassen wie die Franzosen Fonck, Guynemer und Nungesser, die Briten Ball und Mannock und der Kanadier Bishop. Weniger ermunternd waren die Erfolge der deutschen Asse Boelcke, Immelmann und des berühmten Freiherrn Manfred von Richthofen.

Es war von Anfang an klar, daß enorm viel fliegendes Personal benötigt wurde. Leider wußte man überhaupt nicht, was erforderlich war, um einen Piloten für die Kriegsverhältnisse in Europa auszubilden. Bestenfalls waren ganz wenige Piloten der Luftfahrtabteilung schon in einem Kampfflugzeug geflogen; keiner war jemals in einen Kampf verwickelt worden.

In der Erkenntnis, daß solches Wissen nur von den Alliierten kommen konnte, entschloß sich die Luftfahrtabteilung klugerweise, sich zu Hause auf die Ausbildung am Boden und in den ersten Grundzügen des Fliegens zu konzentrieren, während die fortgeschrittene Flugausbildung in Europa erfolgen sollte, wo erfahrene Lehrer zur Verfügung standen. Die Einführung eines Planes für Bodenausbildung war ziemlich einfach, aber die Grundausbildung im Fliegen zu vermitteln war eine schwierigere Aufgabe, weil in den meisten Fällen zunächst Fliegerschulen mit Flugplätzen gebaut werden mußten. Im Sommer 1917 stellte Kanada vorübergehend Anlagen zur Verfügung, bis die Amerikaner ihre Schulen in Gang brächten; schließlich gab es in den USA 27 Flugplätze, größtenteils in den Südstaaten, wo man das ganze Jahr über fliegen konnte.

Glücklicherweise war es nicht sehr schwierig, ein geeignetes Schulflugzeug zu beschaffen, denn die Curtiss JN-Serie wurde nicht nur in großer Zahl gebaut, sondern dieser Typ erwies sich auch als wertvolles, zuverlässiges Schulflugzeug, das sich vorteilhaft von der ebenfalls wohlbekannten Avro 504 der britischen Luftfahrt unterschied. Das Schwergewicht der Produktion lag bei der JN-4D, von der etwa 4 000 Stück gebaut wurden. Sie wurden durch einen 90-PS-Curtiss-OX-5-Motor angetrieben. Dieses Flugzeug zeichnete sich durch große Ausschnitte in den Schleppkanten der oberen und unteren Tragfläche aus, die dem Inhaber des vorderen Sitzes bessere Sicht ermöglichen sollten.

Die fortgeschrittene Flugausbildung in Europa wurde nicht nur durch unzureichende technische Voraussetzungen verzögert; sie mußte auch hinter den vordringlichen Bedürfnissen der Alliierten zurückstehen. Die nach Frankreich strömenden Flugkadetten mußten monatelang warten, bis sie ihre Ausbildung abschließen konnten. In der Zwischenzeit mußten sie das militärische Allheilmittel für Langeweile über sich ergehen lassen: Drill, Küchendienst, Waffenreinigen und natürlich Wache schieben. Die Kadetten in Issoudon, die den damals enormen Monatssold von 100 Dollar erhielten, wurden als die »Dollarmillionen-Garde« bekannt. Erst im August 1917 begann das Amerikanische Expeditionskorps (American Expeditionary Force, AEF) mit dem Bau eigener Fliegerschulen in Frankreich. Im Herbst 1918 waren sie soweit eingerichtet und hatten genügend Erfahrungen gesammelt, daß sie etwa 2000 Piloten monatlich die abschließende Ausbildung erteilen konnten.

Leider benötigt eine Luftwaffe nicht nur Piloten, um die Flugzeuge in der Luft zu halten, sie braucht auch eine ganze Heerschar von besonders ausgebildeten Männern, die mit den komplexen technischen und logistischen Erfordernissen fertig werden, die insgesamt eine schlagkräftige Truppe ausmachen. Schulen für spezialisierte Offiziere wurden rasch eingerichtet, und in den Jahren 1917/18 absolvierten Tausende ihre Lehrgänge. Man hatte gehofft, aus dem zivilen Bereich eine genügende Anzahl von Mechanikern anzuwerben, doch schwand diese Hoffnung rasch dahin, weil Mechaniker infolge wachsender Nachfrage aus allen Industriezweigen knapp waren. Um das Problem zu lösen, wurden wiederum Ausbildungsstätten benötigt, und irgendwie wurde der Bedarf gedeckt: Bis Mai 1918 hatten 10000 Mann ihre Lehrgänge abgeschlossen. Mit Piloten und Flugzeugen und mit Bodenpersonal, das die Maschinen instandhielt, war es endlich möglich, in den Krieg zu ziehen.

Bei Ausbruch des Krieges hatte es fünf Fliegeroffiziere der amerikanischen Armee in Europa gegeben; unter ihnen befand sich auch Major William Mitchell als Luftbeobachter in Spanien, der keine Zeit verlor, um sich die Erlaubnis zu Frontbesuchen zu verschaffen. Er schaffte es, zehn Tage dort zu bleiben, und entwarf aus eigenem Antrieb und mit französischer Unterstützung einen Plan für eine amerikanische Luftwaffe in Frankreich. Als dann im Juni 1917 General Pershing mit dem Stab des AEF eintraf, war Mitchell der am besten informierte Offizier des Flugdienstes.

Er schlug Pershing einen Air Service vor, der aus zwei Teilen bestehen sollte. Der eine sollte Staffeln für die Zusammenarbeit mit der Armee umfassen, die den Kommandeuren am Boden unterstanden; der andere sollte aus »großen aeronautischen Gruppen für strategische Operationen gegen feindliche Flugzeuge und Feindmaterial hinter der eigentlichen Front bestehen... (Sie) würden einen selbständigen Auftrag haben... und dazu dienen, den Krieg weit in Feindesland hineinzutragen«.

Mit diesen Vorschlägen bewies Mitchell, daß er einer der Pioniere des

Konzepts strategischer Bombardements und eines einheitlichen Luftwaffenkommandos war, wie es später der Architekt britischer Luftmacht, Maj.-Gen. Hugh M. Trenchard, empfahl. Es wurde jedoch zu keinem Zeitpunkt des Ersten Weltkrieges die Erlaubnis erteilt, eine amerikanische strategische Bomberwaffe zu schaffen. Vielmehr wurden Zusammensetzung und Aufgaben des Air Service in Frankreich weitgehend von den ihm zur Verfügung stehenden Flugzeugen diktiert; das waren hauptsächlich Maschinen, welche die Alliierten von ihrem eigenen dringenden Bedarf abzweigen konnten. Als nämlich Amerika imstande war, die benötigten Flugzeuge selber zu bauen, war der Krieg vorbei.

1917 hatte das Hauptquartier des AEF in Paris überhaupt keine Flugzeuge. Seine erste Sorge war daher, einen Stab und ein Kommando aufzubauen, das den Flugdienst meistern könnte, wenn er Gestalt annahm. Brigadier-General William M. Kenly wurde zum Chef der Luftstreitkräfte des AEF ernannt; Bolling wurde als sein Stellvertreter Chef des Beschaffungswesens, und Mitchell wurde Luftbefehlshaber im Frontgebiet. Im November traf Brigadier-General Foulois in Frankreich ein und übernahm sofort von Kenly dessen Posten.

Die Wachstumsschmerzen waren immer noch spürbar. Weil man nicht vorankam, ernannte Pershing im Frühjahr 1918 Brigadier-General Mason M. Patrick zum Chef des Air Service. Foulois wurde zum Luftbefehlshaber bei der 1. Armee mit Mitchell als Untergebenem ernannt. Als dieser im Oktober 1918 zum Brigadier-General befördert und zum Chef des Luftwaffenstabes ernannt wurde, war sein Ehrgeiz, Amerikas bedeutendster Luftkampfkommandeur zu werden, befriedigt.

Natürlich gab es Amerikaner, denen der Krieg in Europa wichtig genug war, um sich nicht um die isolationistische Politik ihres Landes zu kümmern. Schon seit 1915 waren amerikanische Freiwillige in der britischen und der französischen Luftwaffe geflogen und hatten sich den Ruf erworben, tüchtig und tapfer zu sein. Wer sich für die Franzosen entschied, mußte zunächst das Problem der Staatsangehörigkeit lösen; das erreichte man durch Eintritt in die Fremdenlegion. Einer ihrer ersten Rekruten war der bemerkenswerte, in Frankreich geborene Raoul Lufbery, der am 24. Mai 1916 in die Escadrille Lafayette eintrat, eine nur aus Amerikanern bestehende Einheit. Seinen ersten Luftsieg errang er am 30. Juli; im Oktober folgte sein fünfter Luftsieg und die Anerkennung als As. Schon nach wenigen Monaten hatte er es auf 17 Siege gebracht, womit er in der abschließenden Liste amerikanischer Fliegerasse den dritten Platz einnahm.

Die Escadrille Lafayette bildete dann im Februar 1918 den Kern der 103. Jagdstaffel, die als erste amerikanische Staffel geschlossen eingesetzt wurde. Die 1. Fliegerstaffel, zuletzt in Columbus, New Mexico, traf am 3. September 1917 in Frankreich ein und war damit die erste amerikanische Luftwaffeneinheit in Europa.

Noch vor Jahresende trafen weitere Staffeln ein, und im Februar und März 1918 erreichten die 94. und 95. Jagdstaffel das Frontgebiet. Leider besaßen die Nieuport-Jäger, mit denen diese Staffeln ausgerüstet waren, keine Maschinengewehre. Nachdem dieser Mangel erkannt und behoben worden war, stellte sich heraus, daß die Piloten der 95. Staffel keine Schießausbildung erhalten hatten. Damit erhielt die »94.«, die berühmte Staffel »Hat-in-the-Ring« [»Hut im Ring«], am 3. April 1918 die Ehre, als erste amerikanische Staffel in die Kämpfe einzugreifen. Elf Tage später errangen Lt. Alan F. Winslow und Lt. Douglas Campbell mit dem Abschuß von zwei deutschen Maschinen die ersten Siege.

Zu den Piloten dieser Staffel gehörte auch ein Mann, der sich bereits auf Amerikas Autorennbahnen einen Namen gemacht hatte: Lt. Edward V. Rickenbacker. Er errang am 29. April seinen ersten Sieg und beendete den Krieg als Amerikas führendes As mit 26 Siegen.

Es gibt viele Leute, die aus Unwissenheit oder Vorurteil meinen, Amerikas Beitrag zum Luftkrieg sei zu spät gekommen, um viel zu nützen. Andere glauben, alle seine Anstrengungen hätten sich in den Leistungen einzelner wie Rickenbacker und Lufbery erschöpft, an deren Namen sich beiderseits des Atlantiks Unzählige erinnern, während die Namen der höheren Offiziere, die den Krieg vorantrieben, nur den Historikern bekannt sind.

Beide Ansichten sind falsch. Der Nachschub der Jungen mit ihrer Einstellung »Machen wir Schluß!« war für die Alliierten damals gerade die richtige Medizin; ihr Eingreifen bedeutete für Deutschland den Anfang vom Ende. Viele Leute wissen überhaupt nicht, daß eine der hervorragenden Fliegeroperationen des Ersten Weltkrieges, die in dessen letzten Monaten stattfand, zugleich die größte Leistung des Air Service war.

Seit fast vier Jahren hatten die Deutschen einen Frontvorsprung gehalten, der bei St. Mihiel tief in die französischen Linien hineinragte. Ehe an dieser Front ein allgemeiner Vormarsch möglich war, mußte diese feindliche Stellung beseitigt werden. Zu diesem Zweck wurden die Luftstreitkräfte der 1. Armee unter Mitchells Kommando geschickt an einer gut 12 km langen Front konzentriert. Für die Aufklärungsflüge vor dem Angriff bewilligte Mitchell nur wenige Einsätze, weil er die Deutschen über seine wahre Stärke täuschen wollte.

Diese Kriegslist dürfte erfolgreich gewesen sein. An dem für den Angriff vorgesehenen 12. September kommandierte Mitchell eine amerikanische und französische Luftstreitmacht von beinahe 1 500 Flugzeugen – »die größte Ansammlung von Luftstreitkräften, die an der Westfront während des ganzen Krieges für eine einzige Operation eingesetzt worden sind«.

Als die Bodentruppen am 12. September vorrückten, verbrachte Mitchell zwei qualvolle Tage, weil das Wetter ihn daran hinderte, seine riesige Luftflotte gegen den Feind einzusetzen. Erst am 14. September konnte er seinen Plan verwirklichen. Fast ein Drittel seiner Maschinen – etwa 500 Beobachtungs- und Jagdflugzeuge – unterstützten die Truppen am Boden; die übrigen flogen Angriffe gegen Verbindungswege, Anlagen, Nachschubkolonnen und andere Ziele weit hinter den deutschen Linien.

Überraschungstaktik und erstmals zahlenmäßige Luftüberlegenheit ermöglichten es Mitchell, trotz schwerer Verluste auf beiden Seiten die Initiative zu behalten. Kriegsmüde Truppen, die mühsam durch Matsch und Misere schlurften, faßten neuen Mut, als sie endlich einen Schirm ihrer eigenen Flugzeuge sahen. Innerhalb weniger Tage kamen die Alliierten an der ganzen Front voran.

Gemeinsame und individuelle Leistungen dieser Art zeigen, daß die amerikanischen Luftstreitkräfte trotz aller Schwierigkeiten Beachtliches geleistet haben. Sie errangen Siege, sie erlitten Niederlagen. Sie töteten feindliche Piloten und gingen ihrerseits in den Tod, wenn sie in steilem Sturz dem Morast und dem blutigen Kampfplatz entgegenrasten. Vielleicht wären weniger von ihnen gestorben, hätten sie nicht im Fallschirm den Beweis von Feigheit gesehen, mindestens schien er auf mangelndes Vertrauen in ihre Maschinen oder ihre eigenen Fähigkeiten hinzudeuten. Vor allem aber lernten sie in einer harten Schule das bittere Hin und Her des Krieges kennen. Als der Waffenstillstand kam, hatten sie nach ihrer Darstellung 781 Flugzeuge und 73 Ballons zerstört, doch lagen die echten Zahlen, die aber ohnehin nichts bedeuteten, wahrscheinlich niedriger. Die Luftwaffe hatte Rückschläge einstecken müssen, konnte nun aber kraft ihrer Erfahrung und ihrer schwer errungenen Zuversicht immer weiter wachsen. Als der verheerende Krieg in Europa zu Ende war, konnte das AEF triumphierend heimkehren, um einen hoffnungsvollen Frieden zu genießen.

Der Friede bot allerdings wenig Grund zu triumphieren. Die Ausweitung während der Kriegszeit wurde rasch ins Gegenteil verkehrt: Bestellungen von 13 Flugzeugen und 20000 Motoren wurden wenige Tage nach dem Waffenstillstand gestrichen. Die Demobilmachung der nahezu 200000 Mann der Luftwaffe begann sofort, und am 30. Juni 1920 waren nur mehr 10000 Offiziere und Mannschaften übrig. Die Flugzeugindustrie, die im Kriege zum Riesen herangewachsen war, schmolz fast gänzlich dahin. Während des nächsten Jahrzehnts sollte die Luftwaffe von Flugzeugen und Motoren leben, die aus dem Krieg übriggeblieben waren.

Die wichtigste Nachkriegsaufgabe bestand darin, die Organisation der Fliegerei festzulegen. Der Army Reorganization Act von 1920 machte den Air Service zu einer Kampftruppe der Armee mit einer Sollstärke von 1516 Offizieren und 16000 anderen Dienstgraden, worunter sich 2500 Kadetten befinden sollten. Bei Forschung und Entwicklung

26

sollte das National Advisory Commitee for Aeronautics (NACA) ähnliche Hilfe leisten wie in Großbritannien das Royal Aircraft Establishment. Das NACA hat seither auf gleiche Weise einen großen Beitrag zur gesamten Luftfahrtwissenschaft geleistet und ist mit Recht berühmt wegen seiner gründlichen Erforschung aller Tragflächenprobleme. Diese junge Institution zog bald nach dem Krieg nach Langley Field, Virginia, um.

Schwieriger war ein anderes Nachkriegsproblem zu lösen. Diejenigen Offiziere, die gründlich über das Potential von Luftmacht nachgedacht hatten, waren überzeugt, daß dieses in künftigen Kriegen ausschlaggebend sein würde. An der Spitze dieser Radikalen stand der kühne, freimütige Mitchell. Es war unvermeidlich, daß er mehr für die strategische Bomberwaffe und für die Verteidigung der USA aus der Luft als für Flottenrüstung eintrat. Daraus entstand viel Bitterkeit zwischen den beiden Wehrmachtsteilen.

Bei Versuchen im Juli 1921 versenkten drei von Martin gebaute Maschinen vom Typ NBS-1 (Kurzstrecken-Nachtbomber), die dem Air Service angehörten, drei ehemals deutsche Kriegsschiffe, die in der Chesapeake Bay vor Anker lagen. Eines davon war das »unsinkbare« Schlachtschiff *Ostfriesland*. Die Übung wurde 1923 vor Kap Hatteras wiederholt, wobei die beiden veralteten amerikanischen Schlachtschiffe *Virginia* und *New Jersey* ebenfalls versenkt wurden.

Die Mitchell-Partei jubelte über diesen Erfolg. Er bewies schlüssig, daß Luftmacht über Kriegsschiffe dominierte und daß die Luftwaffe, nicht die Marine die künftige Strategie diktieren würde.

Die Marine zögerte freilich nicht zu betonen, daß es sich in diesen Fällen um unbemannte, ungeschützte, festliegende und abgetakelte Schiffe gehandelt habe; hätten diese zurückschlagen oder ausweichen können, so hätte das Ergebnis anders aussehen können.

Die Ansicht der Marine, ihr Prestige und ihre Macht, die vom Kongreß gestützt wurden, wogen schwerer als die Theorien und Argumente von Mitchell und dem Air Service. Die Vorstellung von einer Landesverteidigung durch Luftmacht mußte sterben, und die gemeinsame Küstenverteidigung der USA durch Heer und Flotte mußte in der Hitze des nächsten Krieges geschmiedet werden. Für die Marine waren jedoch die Versuche keineswegs eine reine Verschwendung von Zeit und Geld gewesen, denn von diesem Zeitpunkt an begann sie die Fundamente einer eigenen Luftwaffe zu legen. Den Höhepunkt bildete schließlich die Verwendung von Flugzeugträgern als wichtigste Seekriegswaffe.

Mitchell war tief enttäuscht über diesen Gang der Ereignisse und setzte seine Kampagne bei jeder Gelegenheit fort. Ungeduld und freimütige Bemerkungen führten zu seinem Sturz. Als das Marineluftschiff *Shanandoah* 1925 verlorenging, gab er eine Erklärung an die Presse, worin er dem Oberkommando von Heer und Marine »Unfähigkeit, verbrecherische Nachlässigkeit und eine beinahe hochverräterische Verwaltung der Landesverteidigung« vorwarf. Das unvermeidliche Kriegsgericht, vor dem Mitchell seine Überzeugung von der Notwendigkeit einer größeren, besseren und selbständigen Luftwaffe einer noch breiteren Öffentlichkeit mitzuteilen gehofft hatte, sprach ihn schuldig: Er wurde aus dem Air Service entlassen.

Ein großer Teil von Mitchells Kritik am damaligen Air Service war durchaus begründet, aber leider war das Kriegsministerium außerstande, Abhilfe zu schaffen. So gab es z. B. 2 800 Flugzeuge im Dienst oder in Reserve. Die meisten waren veraltet und hätten ersetzt werden müssen. In den zwölf Monaten bis zum 30. Juni 1921 gab es nicht weniger als 330 Abstürze, bei denen 69 Offiziere getötet und weitere 27 schwer verletzt wurden. Eine Luftwaffe mit weniger als 900 Piloten und Beobachtern konnte einen solchen Verschleiß in Friedenszeiten nicht ausgleichen.

Am 1. Juli 1924 war die Gesamtstärke auf 1364 Flugzeuge zurückgegangen. Davon standen nur 754 im Dienst, darunter 457 Beobachtungsflugzeuge, 59 Bomber, 78 Jäger und 8 Kampfflugzeuge; der Rest waren größtenteils Schulflugzeuge. Der Chef des Air Service, Maj.-Gen. Mason M. Patrick, empfahl eine Luftwaffe, die zu 20 Prozent aus Beobachtungs- und zu 80 Prozent aus Kampfflugzeugen bestände. Davon war man damals weit entfernt, doch standen keine Mittel zur Verfügung, um dieses Ungleichgewicht zu ändern. Patrick sagte 1925, es gebe nicht genug Geld »für eine ausreichende Zahl von Flugzeugen, um damit die vorhandenen taktischen Verbände auszurüsten, ganz zu schweigen von einer Kriegsreserve«. Er war der Ansicht, der einzig mögliche Weg bestehe darin, Versuche und Forschung weiterzuführen, bis die geeignetsten Flugzeugtypen entwickelt wären, die dann, falls es zum Kriege käme, in großer Zahl gebaut werden könnten.

Man hatte schon ein wenig experimentiert. Zu den Bombenflugzeugen, die 1920 auftauchten, gehörten der Barling-Bomber, ein sechsmotoriger – aber erheblich zu leistungsschwacher – Dreidecker, der rund 20 t wog, und die zweimotorige Curtiss NBS-4 Condor, das erste erfolgreiche Bombenflugzeug, das 160 km/h flog. Die wenig überzeugenden Leistungen dieser Maschinen veranlaßten jedoch den Air Service, sich auf die Entwicklung von Jägern zu konzentrieren, eine Laune des Schicksals, die weitreichende Folgen haben sollte.

Das Jagdflugzeug, das mehr als alle anderen für diese Entscheidung verantwortlich war, war die einmotorige Curtiss PW-8 Hawk, deren Höchstgeschwindigkeit 285 km/h betrug und die bis auf 6 700 m steigen konnte. Zu jener Zeit erschien ein weiterer wichtiger Typ, der für Tiefangriffe im Zusammenwirken mit Bodentruppen bestimmt war: die Curtiss A-3 Falcon, die Ende der zwanziger Jahre in großer Zahl gebaut wurde.

Aber das Geld reichte nie. Unzulängliche Mittel für die Entwicklung, jämmerlich geringe Bewilligungen für die Ausbildung. Kurzum, ein Almosen für die Luftfahrt. Es ist nur erstaunlich, wie weit der Air Service trotzdem gekommen ist.

Bei der Ausbildung gelang es, bis 1926 eine Reserve von 7000 Offizieren aufzubauen, wobei die Nationalgarde die Reserven weiter verstärkte. Anfänger und Fortgeschrittene wurden auf den Flugplätzen Brooks und Kelly, beide in San Antonio, Texas, ausgebildet. In Chanute Field, Illinois, gab es technische Schulen für Offiziere und Mannschaften, McCook Field, Ohio, sorgte für Ingenieurausbildung, und die Taktikschule des Air Service in Langley Field, Virginia, bildete vielverheißende Offiziere für Führungsposten aus und lehrte den taktischen Einsatz der Luftwaffe.

Es gab auch Erfolge – Anlaß zu Begeisterung, Neugier und Stolz; ein Stolz, welcher der Nation zeigen wollte, daß ihre Luftwaffe genügend gereift und zur Selbständigkeit fähig war.

Zu diesen Erfolgen gehörten Transkontinentalflüge wie der Flug über gut 4000 Kilometer, den Lt. Oakley G. Kelly und Lt. John A. Macready in 26 Stunden 50 Minuten von New York nach San Diego zurücklegten. Es wurden Höhen- und Geschwindigkeitsrekorde aufgestellt; so gewannen 1925 Lt. Cy Bettis und Lt. Jimmy Doolittle innerhalb zweier Wochen die Rennen um den Pulitzer- und den Schneider-Pokal. Man machte Experimente, so z. B. 1923 das erste Auftanken während des Fluges. Zwei Monate später stellten Lt. Lowell H. Smith und Lt. John P. Richter einen neuen Weltrekord im Dauerflug mit 37 Stunden und 15 Minuten auf, wobei ihr DH4-Doppeldecker von einem anderen Flugzeug desselben Typs betankt wurde. Ferner gab es Flüge zur Festlegung von Luftverkehrsstrecken, Postflüge, Transportoperationen und Grenzpatrouillenflüge sowie Schädlingsbekämpfung und Brandbeobachtung.

Am bekanntesten unter allen diesen frühen Unternehmungen wurde jedoch der Versuch, um die Welt zu fliegen, den vier Douglas-World-Cruiser-Maschinen unternahmen – auf Schwimmern montierte Doppeldecker von 16 m Spannweite, die jede nur einen Liberty-Motor von 450 PS hatte.

Die vier Maschinen hießen *Seattle, New Orleans, Boston* und *Chicago*. Pilot der *Seattle* und Kommandeur des ganzen Fluges war Major Frederick L. Martin. Nach langwierigen Vorbereitungen hoben die vier Maschinen am 6. April 1924 etwas mühsam vom Wasser ab und stiegen zu dem großen Abenteuer in einen dunstigen Himmel empor.

Das erste Abenteuer ließ nicht lange auf sich warten. Major Martin verlor noch am ersten Tage durch Schneetreiben die Sicht und rutschte seitlich in fast gefrierendes Meerwasser ab. Glücklicherweise beschränkte sich der Schaden auf zerbrochene Streben und gerissene Spanndrähte. Fünf Tage später wäre in Sitka in Alaska fast die ganze

Expedition verunglückt, als eine unerwartete Bö die *Boston* und die *New Orleans* aus ihrer Verankerung riß.

Die Katastrophe und ein Abenteuer, das beinahe tragisch geendet hätte, kamen am 30. April. Major Martin und sein Begleiter Sergeant Harvey hatten wegen Motorschadens in Chignik zwischenlanden müssen und versuchten nun, die drei anderen Maschinen in Dutch Harbor auf den Aleuten einzuholen. Kurz nach dem Start gerieten sie in dichten Nebel; es war ein Alptraum, da sie von Bergen umgeben waren. Chelsea Fraser zitiert in seinem Buch *Heroes of the Air* Major Martin: »In der Absicht, über den Nebel zu gelangen, wo die Sicht viel besser sein mußte, richtete ich die Nase der Maschine nach oben. Wir waren ein paar Minuten lang gestiegen, als plötzlich wieder ein Berg vor uns auftauchte. Ich sah kurze Zeit ein paar dunkle Flecken – kahle Stellen, auf denen der Schnee von den zackigen Felsen verweht worden war. Diese näherten sich mir mit Schnellzugsgeschwindigkeit – gerade auf mein Gesicht zu. Unwillkürlich zuckte ich zusammen und blinzelte. Während ich das tat, hörte ich über dem Dröhnen unseres Motors ein widerliches, splitterndes Krachen. Ein heftiger Stoß begleitete es, und Harvey und ich wurden fast kopfüber aus unseren Sitzen geschleudert.«

Die *Seattle* war ein Wrack, aber dank großem Glück waren weder Martin noch Harvey ernstlich verletzt. Ihr schwierigstes Problem war, daß sie den Rückweg in die Zivilisation zu Fuß finden mußten. Erst am 5. Mai stießen die beiden hungrigen, fast erschöpften und schneeblinden Männer auf ein leeres Blockhaus, worin sie wunderbarerweise Lebensmittel und einen kleinen, mit Holz heizbaren Ofen fanden. Das war ihre Rettung, denn zwei Tage lang tobten heftige Schneestürme, und ohne ihren Zufluchtsort wären sie umgekommen. Schließlich kamen sie am 10. Mai in Port Moller angehumpelt, und der Rundfunk meldete alsbald aller Welt, daß Martin und Harvey gerettet waren.

Die ganze Geschichte des Fluges ist voll von Aufregung und Strapazen, aber leider zu lang, um hier noch ausführlicher erzählt zu werden. Die *Boston* ging im Schlepp bei den Färöern unter, aber die *Chicago* und die *New Orleans* konnten den 42152 km langen Flug am 28. September 1924 triumphierend in Seattle beenden.

Neben den Ereignissen, die Schlagzeilen machten, gab es die viel umfangreichere tägliche Routine sowie unendlich langweilige Tätigkeiten, die dank Begeisterung und harter Arbeit dazu beitrugen, den Standard der amerikanischen Fliegerei – und ihrer Ausrüstung – ganz allgemein zu heben, und zwar für Krieg und Frieden gleichermaßen.

Noch war es aber nicht soweit, daß der Air Service selbständig werden konnte, obwohl sich Mitte der zwanziger Jahre manche dafür einsetzten, darunter auch die Lassiter-Kommission. Diese war dafür, daß Bomber- und Jagdgruppen in Kriegszeiten unter dem Oberkommando der Armee selbständig Aufträge ausführten. Auch gab es den Lampert-

Ausschuß des Repräsentantenhauses, der 1925 eine einheitliche Luftwaffe unabhängig von Armee und Marine vorschlug.

Es gab noch eine weitere Kommission unter Dwight D. Morrow, die im September 1925 von Präsident Coolidge berufen wurde. Die Kommission verwarf den Gedanken einer selbständigen Luftwaffe, empfahl jedoch, der Air Service solle in Air Corps umbenannt werden, um sein Prestige zu erhöhen. Die Erkenntnisse dieser Kommission wurden vom Kongreß gebilligt, und seit dem 2. Juli 1926 hieß der Air Service nunmehr United States Army Air Corps.

Das Gesetz brachte noch weitere Neuerungen, änderte aber nicht die Stellung der Luftwaffe innerhalb des Kriegsministeriums, die praktisch die gleiche blieb wie früher. Immerhin erhellte ein Sonnenstrahl die Zukunft: Das Gesetz bewilligte ein auf fünf Jahre berechnetes Erweiterungsprogramm. Jetzt gab es also etwas Geld. Vielleicht war das Air Corps nun endlich in der Lage, »einen anderen Kurs zu steuern«.

1927 bis 1936: Große Probleme

Unser erstes Ideal ist unser Land, und wir sehen, daß es künftig wie in der Vergangenheit allen seinen Menschen und auch der übrigen Welt dient... Es hat selber große Probleme zu lösen, sehr mühselige und gefährliche Probleme.
Henry Cabot Lodge, Rede über den Völkerbund, 1919

Obwohl Henry Cabot Lodge seine Worte 1919 in einem anderen Zusammenhang formulierte, passen sie doch besonders gut auf den Zeitraum dieser dritten Dekade in der Geschichte der amerikanischen Luftwaffe. Es gab in der Tat mühselige und gefährliche Probleme zu lösen. Gewiß waren sie eher nationaler und internationaler Art als spezifische Probleme der amerikanischen Luftwaffe, aber auf deren Entwicklung in diesem Zeitraum übten sie eine tiefgreifende Wirkung aus.

In den späten zwanziger Jahren schwamm Amerika scheinbar auf dem Kamm einer Wohlstandswelle. Nach den Engpässen und Krisen der ersten Nachkriegszeit hatte es sich erstaunlich schnell erholt. Der republikanische Präsident Hoover meinte: »Wir in Amerika sind heute dem endgültigen Sieg über die Armut näher als irgendein Land jemals vorher in der Geschichte.«

Während des Krieges hatten die Amerikaner, von denen viele vorher niemals eine Aktie besessen hatten, als gute Patrioten Kriegsanleihen

(Liberty Bonds) gekauft und waren mit Bankiers und Börsenmaklern ins Gespräch gekommen. Als in den achtzehn Monaten vor Mitte 1929 die Börsenkurse stetig stiegen, begann die Nation zu spekulieren. Die Aussicht, nur mit einem Federstrich oder einem telefonischen Auftrag ein Vermögen zu verdienen, war ungleich verlockender als ein Dasein, das auf anstrengender körperlicher Arbeit beruht.

Oberflächlich betrachtet, schien der Wohlstand grenzenlos zu sein. Das war jedoch ein gefährlicher Wunschtraum, und es ist erstaunlich, daß die sogenannten Wirtschaftsexperten außerstande waren, die Zeichen der Zeit genauer zu deuten. Noch im September 1929 ließ ihre Auffassung vermuten, daß die Wirtschaft des Landes im Grunde gesund sei.

Am 23. Oktober begann das große Verkaufen, und schon bald fühlte Wall Street sich überwältigt. Am nächsten Tag, der noch lange als Schwarzer Freitag im Gedächtnis blieb, gab es Panik und Zusammenbrüche. Rasch folgte eine weltweite Depression, Banken schlossen, Währungen brachen zusammen, Fabriken standen leer und still. Allenthalben breitete sich Arbeitslosigkeit aus.

In Amerika griff das Elend rasch um sich, als Hunderttausende ziellos durchs Land zogen, um Arbeit zu suchen – irgendeine Arbeit. In den Städten fiel den Wolkenkratzern eine neue, makabre Rolle zu, als Spekulanten ihrem Leben mit dem Sprung aus dem Fenster eines oberen Stockwerks ein Ende bereiteten. Man erzählte sich, daß Hotelportiers Gäste fragten: »Sie wollen ein Zimmer – zum Schlafen oder zum Springen?«

In den folgenden drei langen, dunklen Jahren wurde die Lage immer schlimmer. Erst als der neugewählte Präsident Franklin Delano Roosevelt am 4. März 1933 seine Antrittsrede hielt, kehrte Hoffnung zurück.

Das neue Baby, das United States Army Air Corps, war in einem schwierigen Augenblick geboren worden. Die stolzen Eltern entdeckten – wie soviele andere auch – nach dem ersten Freudentaumel, daß ihre Schwierigkeiten nun erst begonnen hatten. Die alten drei M – Mittel, Maschinen und Männer – spielten immer noch eine große Rolle, und außerdem gab es neue schwierige Probleme. Aber damit greifen wir schon vor, denn zunächst fing die Dekade gut an.

Das auf fünf Jahre berechnete Erweiterungsprogramm von 1926 wurde mangels Mitteln verzögert und kam erst am 1. Juli 1927 in Gang. Das Air Corps benötigte gewiß eine Aufmunterungsspritze, denn bis dahin war es kaum mehr als halb so stark, wie es der Army Reorganization Act von 1920 vorgesehen hatte: insgesamt 919 Offiziere und 8725 andere Dienstgrade. Flugzeuge besaß es weniger als tausend, von denen nach damaligen Begriffen nur reichlich 300 als modern gelten konnten.

Ziel des Erweiterungsprogramms waren 1800 einsatzfähige Flugzeuge, 1650 Offiziere und 15000 andere Dienstgrade, was durch stetigen

Zuwachs im Laufe von fünf Jahren erreicht werden sollte. Wenn das Air Corps dieses Ziel nur knapp verfehlte, so lag das nicht an mangelnder Anstrengung, sondern abermals an fehlenden Mitteln, da die im Laufe der fünf Jahre vorgenommenen Kürzungen im Durchschnitt 40 Prozent ausmachten. Der größte Teil des Zuwachses kam in den ersten drei Jahren, weil der Rest des Programms von der Depression überschattet wurde.

Im Juni 1932, als das Programm abgeschlossen war, zählte das Air Corps 1 305 Offiziere, 13 400 Mann und 1709 Flugzeuge in 45 Staffeln. Ein Vergleich mit der Sollstärke läßt deutlich erkennen, welche Anstrengungen man gemacht hatte.

Während der ersten Jahre dieser Dekade nutzte man die Gelegenheit, um organisatorisch einiges auf feste Füße zu stellen. Ende 1926 waren in San Antonio das Air Corps-Ausbildungszentrum (Air Corps Training Center, ACTC) mit Fliegerschulen für Anfänger und Fortgeschrittene und ferner die Schule für Luftfahrtmedizin geschaffen worden. Geldmittel, die durch das Programm verfügbar wurden, gestatteten es, ebenfalls in San Antonio eine Offiziersschule, ein »West Point der Luft«, zu errichten. Randolph Field, das diese Rolle übernahm und zugleich Hauptquartier der ACTC war, wurde am 20. Juni 1930 eingeweiht. Leider waren die neuen Einrichtungen gerade erst fertig geworden, als die wirtschaftliche Depression das vorgesehene Ausbildungsprogramm auf höchstens 150 Kadetten im Jahr beschränkte.

Ein anderer wichtiger Ortswechsel betraf die Abteilung für Materialbeschaffung, die 1926 ihren Standort in Dayton, Ohio, hatte. Im folgenden Jahr übersiedelte sie nach Wright Field in moderne Gebäude. Diese waren mit Laboratorien und Testmöglichkeiten ausgestattet, die viel zum technischen Fortschritt beitrugen. Dorther kamen schließlich auch die technischen und logistischen Fachleute, die für die Zukunft des Air Corps so wichtig werden sollten.

Offenbar senkte die Luftwaffe in den späten zwanziger Jahren ihre Wurzeln endlich tief in fruchtbaren Boden. Noch eindeutiger waren im gleichen Zeitraum die fliegerischen Fortschritte. Der erste unter vielen beachtlichen Erfolgen war am 28. Juni 1927 ein Nonstopflug von Lt. Lester J. Maitland und Lt. Albert F. Hegenberger von Oakland, Kalifornien, nach Honolulu. Sie flogen einen Fokker-C-2-Eindecker mit drei 220-PS-Wright-R-790-Sternmotoren. Das war nicht nur der erste erfolgreiche transpazifische Flug von Amerika nach Hawaii, sondern auch der erste Versuch des Air Corps, Funk-Navigation für Transozeanflüge zu benutzen. Leider erbrachte dieser Test wenig, da der Empfänger nur zeitweilig arbeitete.

Achtzehn Monate später konnte das Air Corps einen inoffiziellen Weltrekord im Dauerflug an seine Fahnen heften: *Question Mark*, wieder eine dreimotorige Fokker – diesmal von der Serie C-2A mit größerer

Spannweite –, blieb über Los Angeles vom 1. bis 7. Januar fast 151 Stunden in der Luft. Mit Major Carl Spaatz als Kommandant und einer Mannschaft aus Capt. Ira C. Eaker und Lt. Elwood R. Quesada wurde der Flug mit Hilfe des Auftankens in der Luft absolviert, ein Verfahren, für das das Air Corps 1923 Pionierarbeit geleistet hatte.

Noch nicht drei Wochen später unternahm Lt. »Jimmy« Doolittle am 24. September in Mitchell Field, Long Island, den ersten vollständigen Blindflug, wobei Lt. B. Kelsey als Kontrollpilot auf dem Vordersitz mitflog. Am nächsten Tag fand sich in der New York Times unter dicken Schlagzeilen eine Geschichte, die folgendermaßen begann: »Der Nebel, der schlimmste Feind des fliegenden Menschen, wurde gestern in Mitchell Field besiegt, als Lt. James H. Doolittle startete, 24 km weit flog und wieder landete, ohne den Boden oder – mit Ausnahme der erleuchteten Instrumente – irgendeinen Teil seines Flugzeuges zu sehen. Es war das erstemal, daß ein Pilot einen Flug mit absoluter Blindsteuerung zurückgelegt hat«.

Journalistische Begeisterung verbannte die Nebelgefahr viele Jahre zu früh, aber die Presse hätte bei der Schilderung von »Jimmy« Doolittle, dieser großen Persönlichkeit der amerikanischen Fliegerei, ihre farbigsten Adjektive auftischen können, ohne dabei im geringsten zu übertreiben.

In den frühen dreißiger Jahren erschienen in den Zeitungen Schlagzeilen wie »Doolittle bricht Rekord« mit eintöniger Regelmäßigkeit. Gerade ihre Häufigkeit machte sie wichtig, weil sie nicht nur die Öffentlichkeit, sondern auch die Luftverkehrsgesellschaften und deren Geldgeber darauf hinwiesen, daß Luftreisen schnell, pünktlich und vor allem sicher sein könnten.

Über den Nebel erzählt Doolittle noch eine andere, amüsantere Geschichte. Er war augenscheinlich ein so tüchtiger Pilot, daß die Firma Curtiss, als sie ihren neuen Jäger P-1 in Südamerika verkaufen wollte, das Air Corps gebeten hatte, Doolittle zu beurlauben, damit er Schauflüge veranstalten könnte. Einmal kam er auf dem Weg nach Rio de Janeiro aus dem Nebel heraus und hatte keine Ahnung, wo er war. Er war froh, unter sich eine Bahnlinie zu sehen, der er bis zu einem Bahnhof folgte; dieser war an der Pracht einer kleinen Holzhütte zu erkennen, an deren Wand das Wort »Mictorio« geschrieben stand. Er war ratlos, weil der Ort auf seiner Karte nicht zu finden war, und erst recht ratlos, als sieben oder acht Minuten später eine zweite Station denselben Namen trug. Als eine dritte Station ebenfalls Mictorio hieß, war er vollends verblüfft und verzichtete auf die Kursbuch-Navigation.

Als er schließlich in Rio landete, sagte er mißmutig zu dem Offizier, der ihn empfing: »Ich wäre schon eher hier gewesen, doch gab es da einen Ort Mictorio mit drei Bahnhöfen.« Der Offizier, der ein feierliches Empfangsgesicht aufgesetzt hatte, begann zu lächeln: »Der Name findet sich hierzulande an jedem Bahnhof«, sagte er, »er bedeutet ›Für Männer‹.«

Am 12. April 1930 stellten 19 Maschinen der 95. Jagdstaffel unter Capt. H. M. Elmendorf mit 9000 m einen neuen Höhenrekord für Kampfflugzeuge im Verband auf. Den ersten Allein-Blindflug ausschließlich nach Instrumenten und ohne Kontrollpiloten an Bord machte Capt. Hegenberger am 9. Mai 1932 in Dayton, Ohio, und am 3. September 1932 stellte Major »Jimmy« Doolittle in einem Granville-Gee-Bee-Eindecker mit einer Durchschnittsgeschwindigkeit von 470 km/h über eine Entfernung von 3 km einen neuen Geschwindigkeitsweltrekord auf.

Einen der bedeutendsten Erfolge gab es im Juli und August 1934. Dem Air Corps war daran gelegen, festzustellen, ob es in der Lage sei, einen fernen Stützpunkt auf dem Luftwege zu verstärken oder zu versorgen, doch hatte man mangels Maschinen mit genügender Reichweite lange darauf verzichten müssen. Nun wurde im Juni 1934 das in der Zwischenkriegszeit wichtigste Flugzeug des Air Corps in Dienst gestellt. Dies war der zweimotorige Eindecker-Bomber vom Typ Martin B-10.

Am 19. Juli startete von Bolling Field D. C. ein Verband von zehn solchen Maschinen unter dem Kommando von Lt.-Col. »Hap« Arnold nach Fairbanks, Alaska. Als sie am 20. August wieder in Seattle landeten, hatten sie nicht nur einen Rundflug von 13264 km erfolgreich zurückgelegt, sondern waren auch auf dem Rückflug ohne Zwischenlandung von Juneau, Alaska, nach Seattle, etwa 14000 km, davon große Strecken übers Meer, geflogen.

Nach heutigen Maßstäben waren das bescheidene Erfolge, aber sie waren wichtig als Erstleistungen in den Jahren, in denen den Maschinen die Flugfedern wuchsen. Sie zeigten nicht nur, daß das Air Corps wertvolle Erfahrungen machte und Selbstvertrauen gewann, sondern daß die amerikanische Luftfahrtindustrie zuverlässigere Flugzeuge zu bauen begann. Die Ansprüche sowohl der Militär- als auch der Zivilluftfahrt hatten die Hersteller endlich davon überzeugt, daß es sich auf Dauer auszahlen würde, ihr schwer verdientes Geld in Forschung und Entwicklung zu investieren.

Sie schleppten sich nicht mehr mühsam dahin, sondern begannen auszuschreiten, wobei sie neue Verfahren und Ideen verwendeten. So übernahmen sie die Ganzmetallbauweise, die Hugo Junkers in Deutschland als erster entwickelt hatte. Mit der Einführung der freitragenden Eindeckerflügel, der geschlossenen Kanzel und des Einziehfahrwerks verbesserten sie ihre Flugzeuge. Verstellbare Propeller ermöglichten es den Motoren, beim Start und beim Dauerflug optimale Leistungen zu erbringen. Der Kolbenmotor wurde stetig weiterentwickelt, um erhöhte Antriebsleistung zu erbringen und das Verhältnis von Leistung zu Gewicht allmählich zu verbessern. Man entwickelte Kompressoren, um in großer Höhe die gleiche Leistung wie auf dem Boden zu erhalten. Vor allem wurde der luftgekühlte Sternmotor für seine unverwüstliche Zuverlässigkeit bekannt; dank ihm breitete sich die amerikanische Zivilluftfahrt rasch aus. Vermutlich war aber gerade der Erfolg dieser Motoren dafür verantwortlich, daß das amerikanische Air Corps bei Ausbruch des Zweiten Weltkrieges nur verhältnismäßig langsame, rundlich aussehende Jagdflugzeuge besaß. In England und Deutschland hatte man hochtourige, flüssigkeitsgekühlte Reihenmotoren in schnelle, stromlinienförmige Jagdflugzeuge eingebaut, die eine viel kleinere Frontfläche besaßen. Das Air Corps mußte lange warten, bis sich der North American P-51 Mustang mit einem flüssigkeitsgekühlten Reihenmotor als eines der großen Jagdflugzeuge des Krieges erwies.

Die ständig verbesserte Leistungsfähigkeit der Flugzeuge, die sich besonders in den zwanziger und dreißiger Jahren bemerkbar machte, hatte für das Air Corps große Bedeutung. Unter seinen höheren, wenn auch radikalen Offizieren glaubten viele an die Wirksamkeit strategischer Bombenangriffe, obwohl die ersten Bombermodelle soviel geringer als die Jäger eingeschätzt wurden, daß man ihre Entwicklung für aussichtslos gehalten hatte. Diese Minderheit der Offiziere erkannte sehr bald, daß das Vorhandensein zuverlässiger und stärkerer Motoren es den Flugzeugkonstrukteuren ermöglichen würde, speziell für Bombenangriffe Flugzeuge zu entwickeln, die größere Reichweite und Offensivkraft besäßen.

Einige Hersteller vermochten solche Anforderungen vorauszusehen, obwohl die Absichten des Kriegsministeriums das Gegenteil zu verheißen schienen. Die Boeing-Gesellschaft in Seattle schlug 1930 als erste vor, ihr Verkehrsflugzeug 221 Monomail zu einem zweimotorigen Bomber weiterzuentwickeln, der dann als B-9 bekannt wurde. Der auf privates Risiko hergestellte Prototyp mit der Bezeichnung XB-901 war ein Ganzmetall-Tiefdecker, der von zwei 575-PS-Pratt & Whitney-Motoren des Typs R-1860-13 angetrieben wurde und ein Einziehfahrwerk hatte. Er hatte eine vierköpfige Besatzung in offenen Kanzeln und eine Bewaffnung von zwei 0,3-inch-Maschinengewehren (rd. 8,5 mm). Die Höchstgeschwindigkeit betrug 300 km/h, die Gipfelhöhe etwa 6700 m, die Reichweite 860 km und die Bombenlast etwa 1,1 t. Das alles bedeutete einen großen Sprung nach vorn.

Ihm folgte ein weiteres privates Versuchsmodell, diesmal aus dem Stall Glenn L. Martin; es erwies sich als das wichtigste Bombenflugzeug des Air Corps in der Zwischenkriegszeit. Der Prototyp mit der Bezeichnung XB-907 begann im Juli in Wright Field mit den Erprobungsflügen. Nach einigen Veränderungen erhielt es die Bezeichnung XB-907A. Als dieses Flugzeug dann vom Air Corps angekauft wurde, hieß es XB-10, und als B-10 ist es im Gedächtnis geblieben.

Ebenso wie die B-9 war sie ein zweimotoriger Ganzmetall-Eindecker mit Einziehfahrwerk. In der endgültigen Form, in der sie 1934 als B-10B erschien, besaß sie auch geschlossene Kanzeln, einen von Hand drehbaren Geschützturm in der Nase, eine Vorrichtung für einen Treibstofftank im Bombenschacht für Langstreckenflüge, als Bewaffnung drei 0,3-inch-Maschinengewehre (rd. 8,5 mm) und eine Bombenlast von 1,1 Tonnen. Die beiden 775-PS-Sternmotoren vom Typ Pratt & Whitney R-1820-33 gaben ihr eine Höchstgeschwindigkeit von 340 km/h, die Gipfelhöhe lag über 8 000 m, und die Reichweite betrug 2 000 km.

Diese beiden neuen Flugzeuge schienen dem Air Corps eine freundliche Zukunft zu verheißen. Zum erstenmal ließen sich die Leistungen von Bombenflugzeugen mit denen zeitgenössischer Jäger vergleichen; bei der B-10 waren sie sogar besser. Es schien, daß sich der schwerbewaffnete Bomber gegen den Jäger behaupten könnte, und daß ein Übergewicht an Jagdflugzeugen sich eher als Belastung erweisen könnte. Vor allem widerlegte das Potential dieser neuen Flugzeuge den Haupteinwand derer, die gegen strategische Bombardements waren.

Für Offiziere, die wie General Foulois – von 1931 bis 1935 Chef des Air Corps – für eine strategische Bomberwaffe eintraten, bedeutete das Vorhandensein eines Flugzeuges wie die B-10 einen zusätzlichen Trumpf. Dabei hatten sie schon einige Trümpfe in der Hand. Die im Januar 1931 getroffene McArthur-Pratt-Vereinbarung hatte dem Air Corps die Verantwortung für die Luftverteidigung der amerikanischen Küsten vom Lande aus übertragen, und im Januar 1933 hatte das Kriegsministerium erklärt, zu den Aufgaben der Heeresluftfahrt würden auch Fernaufklärung und Operationen »bis an die Grenze des Aktionsradius von Flugzeugen« gehören.

Dieses verbesserte Klima sowie die Einführung der B-9 und B-10 ermöglichten es dem Air Corps, auf die Entwicklung eines noch stärkeren Bombers zu drängen. Ein 1934 ausgeschriebener Wettbewerb verlangte ein mehrmotoriges Flugzeug, das eine Bombenlast von einer Tonne mit einer Geschwindigkeit von mindestens 320 km/h wenigstens 1900 km weit befördern könnte. Als einzige Firma legte Boeing einen Entwurf mit mehr als zwei Motoren vor. Obwohl das ein ziemlich aufwendiges privates Risiko bedeutete, wurde die Firma durch die Aussicht auf große Aufträge ermutigt, falls die Armee mit der Leistung des Prototyps zufrieden wäre.

Boeing-Modell 299 war die Bezeichnung des Prototyps, der gemäß den Anforderungen der Armee gebaut wurde: die militärische Version eines viermotorigen zivilen Transportflugzeuges mit der Bezeichnung Modell 300. Erste Testflüge des neuen Prototyps fanden im Juli und August 1935 statt, und am 20. August unternahm die Maschine einen neunstündigen Nonstopflug nach dem 3 300 km entfernten Wright Field, um dort offiziell getestet zu werden. Diese Maschine wurde am 30. Oktober bei einem Startunfall zerstört, aber die ersten Tests waren so vielversprechend gewesen, daß die Armee keine Bedenken hatte, versuchsweise 13 Flugzeuge unter der Bezeichnung YB-17 zu bestellen.

Der Einsatz lohnte sich. Dieses Flugzeug, das die Markenbezeichnung »Fliegende Festung« trug, um anzuzeigen, was Boeing damals für eine schwere Defensivbewaffnung hielt, wurde in aller Welt als die B-17 bekannt. Es wurde fast acht Jahre lang gebaut, und der Kriegsbedarf erforderte die Lieferung von insgesamt 12 731 Stück.

Daß Boeing die Vorschriften der Armee mehr als erfüllt hatte, bewies 1941 die B-17E, die in einer Höhe von 8 300 m eine Höchstgeschwindigkeit von über 500 km/h erreichte, eine Gipfelhöhe von 12 200 m, mit einer Bombenlast von fast 2 Tonnen eine Reichweite von 3 200 km hatte und sich mit zwölf 0,5-inch- (12,7 mm) und einem 0,3-inch-Maschinengewehren verteidigen konnte. Eine maximale Bombenlast von 8,5 t konnte auf Kosten der Reichweite befördert werden. Das war allerdings ein weiter Weg von den DH4, mit denen der Air Service 1918 ausgerüstet gewesen war.

Aber noch ehe die B-17 fertig wurde, hatte das Air Corps schon seine Anforderungen für ein noch moderneres Flugzeug bekanntgegeben. Es wurde zunächst Projekt A und später XBLR-1 genannt. Boeing hatte mit der Arbeit an diesem Flugzeug (Modell 294) 1935 begonnen: ein viermotoriger Bomber mit einer Spannweite von 50 Metern. Die später XB-15 genannte Maschine wog 35 t und hatte eine Reichweite von 8 000 km.

Im selben Jahr hatte das Kriegsministerium den Auftrag für einen noch größeren Bomber an die Douglas Aircraft Company vergeben: die XBLR-2, die später XB-19 genannt wurde. Dieses Ungeheuer mit einer Spannweite von 70 m wog 80 t, konnte maximal eine Bombenlast von 18,5 t laden und hatte eine Reichweite von 12 300 km.

Prototypen dieser beiden Maschinen sind geflogen, da aber die Entwicklung der Motoren mit dem Ehrgeiz der Flugzeugkonstrukteure nicht Schritt gehalten hatte, mußten beide Modelle auf Eis gelegt werden, weil sie untermotorisiert waren. Gleichwohl war das dafür aufgewendete Geld nicht verschwendet worden. Man hatte viel über den Bau großer Flugzeuge gelernt, und das war von unschätzbarem Wert, als die Zeit kam, die Boeing B-29 und die Consolidated B-36 zu entwickeln und zu bauen.

Man darf jedoch nicht glauben, daß über dieser intensiven Beschäftigung mit schweren Bombern das Jagdflugzeug in Vergessenheit geraten wäre. Ganz im Gegenteil führten Wettbewerbe in den Jahren 1935/36 zur Entwicklung der Curtiss P-36 und der Seversky P-35. Diese besaßen als erste unter den Ganzmetall-Jägern des Air Corps, die Einsitzer und Eindecker waren, ein Einziehfahrwerk und eine geschlossene Kanzel.

Weitaus das wichtigere dieser beiden Flugzeuge war die P-36, denn aus ihr wurde, indem man den Entwurf verbesserte und den Sternmotor durch einen Reihenmotor ersetzte, die P-40 Warhawk, unter den Curtiss Hawks die letzte und berühmteste. Während des Zweiten Weltkrieges wurde sie in großer Zahl gebaut, übertroffen nur von der P-47 Thunderbolt und der P-51 Mustang; sie wurde an nahezu allen Fronten eingesetzt. Die größte Produktionszahl erreichte die P-40N, deren erste Modelle einen 1 200-PS-Reihenmotor vom Typ Allison V-1710-81 hatten. Die Höchstgeschwindigkeit dieses Modells betrug in 3 500 m Höhe 605 km/h, die Gipfelhöhe 12 700 m und die Reichweite 384 km. Die Bewaffnung bestand aus sechs 0,5-inch-Maschinengewehren in den Tragflächen, und unter dem Rumpf konnte eine 250-Kilogramm-Bombe mitgeführt werden.

Das waren aber künftige Flugzeuge. Kehren wir ins Jahr 1934 zurück, so erleben wir, daß das Air Corps vor einer seiner unheilvollsten Unternehmungen in Friedenszeiten stand.

Zunächst muß man erwähnen, daß Fulton Lewis, der junge Reporter einer Zeitung in Washington, sich 1933 für die Proteste einiger kleinerer Fluggesellschaften interessierte, die behaupteten, man habe ihnen Luftpostverträge rundheraus abgelehnt. Tatsächlich paßten diese kleinen Fluggesellschaften nicht in das nationale Luftverkehrssystem, wie Postminister Brown es geplant hatte. Diese Unternehmer hofften, sie würden durch die nachfolgende Untersuchung und Publizität auf ihre Rechnung kommen.

Anfang 1934 wurde der damalige Postminister James A. Farley ins Weiße Haus gerufen. Eifrig bemüht, alle zweifelhaften Überbleibsel der vorigen Regierung zu beseitigen, gab Präsident Roosevelt die Weisung, alle bestehenden Luftpostverträge zu kündigen. Farley war einverstanden, schlug aber vor, die Gesellschaften sollten die Post weiterhin zu herabgesetzten Gebühren befördern, bis ein neues Gesetz in Kraft träte. Da der Präsident nichts dergleichen wollte, ließ er General Foulois kommen und fragte ihn, ob das Air Corps die Aufgabe übernehmen könne.

Der General sagte ja, weil er – im Namen des Air Corps – meinte, er dürfe die einem Geschenk des Himmels gleichende Gelegenheit, in der neuen Regierung Freunde und Einfluß zu gewinnen, nicht versäumen. Das erwies sich als eine höchst bedauerliche Zusage. Da Foulois dem Präsident versichert hatte, das Air Corps könne die Aufgabe übernehmen, ging am 9. Februar 1934 an alle Luftpostbeförderer ein Telegramm hinaus, dessen letzter Satz lautete: »Es wird angeordnet, daß der nachstehende Luftpostvertrag mit Wirkung vom 19. Februar 1934 um Mitternacht ungültig wird.«

Foulois blieben zehn Tage, um sich auf etwas vorzubereiten, was er für einen nationalen Notstand hielt: »... unter kriegsähnlichen Bedingungen, um jede mögliche Schwäche der Organisation, Ausrüstung und Ausbildung in Friedenszeiten aufzudecken.«

Er war sich bewußt, daß er das sehr enge Netz, das die Zivilgesellschaften aufgebaut hatten, nicht nachahmen konnte, und entschied sich daher für 14 Hauptlinien, die zusammen knapp 21 000 km lang waren; er teilte 500 Mann und 148 Flugzeuge für den Postdienst ein. Er plante sorgfältig, weil er begriff, daß die mühsam ringende Luftwaffe hier zeigen konnte, was sie auszurichten vermochte.

Leider konnte er das Wetter weder voraussehen noch beeinflussen, und in den ersten Monaten des Jahres 1934 war es schlechter als seit vielen Jahren. Schnee, Graupeln und eisige Stürme wechselten mit dichtem Nebel. Noch ehe das Air Corps die Postlinien übernahm, gab es bei Übungsflügen zwei Abstürze mit den ersten drei Todesfällen. Bei den eigentlichen Postflügen gab es den ersten tödlichen Unfall am 22. Februar. Ihm folgten rasch drei weitere Todesfälle und viele schwere Abstürze.

Präsident, Kongreß und Öffentlichkeit waren gleichermaßen entsetzt über diese Wendung der Dinge. Foulois unternahm zwar alles, um das Vertrauen wiederherzustellen, doch schwelgte die Presse im ganzen Lande in einer Flut von grausigen Berichten. Innerhalb kürzester Zeit war die Stimmung auf dem Tiefpunkt angelangt. Im Rückblick auf jene düsteren Februartage sagte einer der Piloten: »Wir arbeiteten mit Maschinen, die mindestens sieben Jahre hinter den Zivilflugzeugen zurück waren. Wir sollten Luftmacht demonstrieren mit ein paar alten Pötten, die gebaut worden waren, um mit Bodentruppen ›zusammenzuarbeiten‹… Die Ausrüstung des Personals war so kümmerlich, daß den Piloten Hände, Füße und Ohren erfroren…«

Sturm und Unfälle hielten an. Am 10. März bekam Foulois den Befehl, die Flüge 10 Tage lang einzustellen, um Zeit für eine Reorganisation zu gewinnen. Als es dann zwei Tage vor der geplanten Wiederaufnahme der Postflüge bei Übungen einen weiteren Todesfall gab, erreichte der allgemeine Zorn seinen Höhepunkt. Das Ergebnis war, daß eine Kommission unter Newton D. Baker eingesetzt wurde, um alle Probleme der Militärluftfahrt zu untersuchen.

Das Air Corps aber hatte immer noch seine undankbare Aufgabe auf dem Buckel. Im April brachten Zeitungen Karikaturen, die den Präsidenten und Farley an der Spitze eines Todesmarsches skelettierter Armeepiloten zeigten. Als es Mai wurde, ließ der wachsende Zorn der Öffentlichkeit kaum mehr Zweifel daran, daß Roosevelt gut daran getan hätte, den Rat zu akzeptieren, den Farley ihm Anfang Februar gegeben hatte. Jetzt bat er unverzüglich die Zivilgesellschaften, die Postflüge vorläufig wiederaufzunehmen, bis neue Verträge abgeschlossen werden könnten.

Von dieser verhängnisvollen Operation befreit, atmete das Air Corps erleichtert auf. Während der drei Monate, in denen es für den Postdienst zuständig gewesen war, hatte es in nahezu 13 000 Flugstunden fast 350 t Post 2 544 248 km weit geflogen.

40

Wenn auch die Operation infolge der Todesfälle tragisch verlaufen war, erwies sie sich doch als Glück im Unglück, weil sie deutlicher als irgend etwas anderes es vermocht hätte, auf die Unzulänglichkeit des Air Corps und auf die Überalterung seiner Ausrüstung hingewiesen hatte. Auch legte sie den Schluß nahe, daß weder das Ausbildungsprogramm noch die Beschaffung von Flugzeugen ausgereicht hatten, um eine Luftwaffe zu schaffen, welche die Nation gegen einen Angriff schützen konnte – falls das nicht gerade bei schönem Wetter geschah!

So war es nicht verwunderlich, daß die Baker-Kommission, die ihre Feststellungen und Empfehlungen im Juli veröffentlichte, vom Flugzeug als Verteidigungswaffe wenig hielt. In ihrem Bericht hieß es: »Die Unzulänglichkeiten des Flugzeuges zeigen, daß der Gedanke, Luftfahrt allein könne die Seewege beherrschen oder die Küste verteidigen oder entscheidende Erfolge erringen... Phantasie ist, was auch für die Vorstellung gilt, eine große, selbständige Luftwaffe sei nötig, um unser Land gegen Luftangriffe zu verteidigen.«

Die Mitglieder der Kommission waren sich in dieser Auffassung einig. Eine Ausnahme war nur James H. Doolittle, der ein Minderheitsvotum beifügte, worin er der Überzeugung Ausdruck gab, die Sicherheit der Nation sei künftig abhängig von einer ausreichenden Luftwaffe. Er schrieb, er sei »überzeugt, daß die erforderliche Luftwaffe schneller organisiert, ausgerüstet und ausgebildet werden kann, wenn sie völlig abgetrennt und als völlig selbständige Waffengattung entwickelt wird«.

Es überraschte vielleicht, daß die Baker-Kommission der Vorstellung von Luftmacht immerhin ein Zugeständnis machte. Sie empfahl, Ausbildung und Beschaffung sollten weiterhin dem Amt des Chefs des Air Corps (Office Chief of the Air Corps, OCAC) unterstehen, doch solle für Kampfzwecke ein Großes Hauptquartier Luftwaffe (General Headquarters Air Force, GHQ Air Force) geschaffen werden.

Für die Verfechter der Luftmacht bedeutete das am 1. März 1935 errichtete GHQ Air Force den ersten Schritt zur Selbständigkeit. Zum Kommandanten wurde Brigadier-General Frank M. Andrews ernannt, der Langley Field, Virginia, als Standort wählte. In seinen Stab berief er Offiziere, die zu den glühendsten Verfechtern der Luftmacht gehörten. Es waren Männer, die an den Aufbau einer starken strategischen Bomberstreitmacht glaubten und in den Jahren zuvor in aller Stille die Entwicklung des modernen Ganzmetall-Eindecker-Bombers gefördert hatten.

Mit der Aussicht auf die B-17 empfahl Andrews die Aufstellung je einer Bombergruppe an der Ost- und an der Westküste und beantragte den Ankauf von 50 B-17. Der Generalstab lehnte das ab und erklärte, die derzeit diensttuende B-18 – ein zweimotoriger Ersatz für die B-10 – genüge den Erfordernissen.

Man hätte daraus schließen können, daß das Kriegsministerium

Zweifel an der Leistungsfähigkeit der B-17 hegte oder kein Zutrauen zu dem neuen GHQ Air Force hatte. So war es jedoch nicht. Es war einfach wieder einmal herzlich wenig Geld in der Kasse.

In den drei Jahren vor 1936 war der Generalstab gegenüber dem Air Corps ziemlich großzügig gewesen. Allein die Entwicklung von Projekt A (die XB-15) hatte über 600 000 Dollar gekostet, was mehr als zehn Prozent des gesamten Entwicklungsbudgets der amerikanischen Armee für ein Jahr ausmachte.

Außerdem konnte sich die Armee aufgrund einer Politik, die im Isolationismus wurzelte, lediglich für die Verteidigung rüsten. Daraus erklärt sich der scheinbare Widersinn, daß das Air Corps Langstreckenbomber für die Verteidigung anforderte – es war der einzige Vorwand, um sie zu bekommen.

Nicht zuletzt aber hatte das Streben des Kriegsministeriums, eine größtmögliche Menge von Waffen mit möglichst geringem Aufwand anzuschaffen, notwendigerweise zur Folge, daß dem Air Corps empfohlen wurde, lieber eine größere Zahl von kleinen, verhältnismäßig billigen zweimotorigen Bombern zu kaufen als eine geringere Anzahl von großen, mehrmotorigen Langstreckenbombern, von denen vorausschauende Angehörige der Luftwaffe wußten, daß sie nötig waren.

Als drei Jahre später Hitler seine heulenden Stukas auf Polen losließ – ein Land, das zu seiner Verteidigung kaum mehr als seine Tapferkeit besaß –, umfaßte die Bomberflotte des Air Corps ganze dreiundzwanzig B-17.

Das USAAC (United States Army Air Corps) stand in der Tat noch vor vielen großen Problemen.

1937 bis 1946: Unruhige Zeiten

Wir können uns gegen die verheerenden Wirkungen eines Krieges und gegen die Gefahr, hineingezogen zu werden, nicht versichern. Wir ergreifen Maßnahmen, die das Risiko unserer Einbeziehung so gering wie möglich halten, aber vollständigen Schutz kann es in dieser unruhigen Zeit nicht geben, in der Vertrauen und Sicherheit nichts mehr gelten.
Franklin D. Roosevelt, »Quarantäne«-Rede, 5. Oktober 1937

»… in dieser unruhigen Zeit, in der Vertrauen und Sicherheit nichts mehr gelten.« Es dürfte schwierig sein, den beklagenswerten Zustand, in den die Völker gegen Ende der dreißiger Jahre unseres Jahrhunderts hineingeschlittert waren, treffender mit nur einem Dutzend Wörtern zu beschreiben.

Das Schwinden der Vernunft hatte im Fernen Osten schon im September 1931 begonnen, als Japan Mukden und das Gebiet der Mandschurischen Bahn besetzte. In der zweiten Hälfte der dreißiger Jahre befand sich Europa im Aufruhr: Im Oktober 1935 war Italien in Abessinien eingefallen, Deutschland hatte im März 1936 das Rheinland wiederbesetzt, und in demselben Jahr war in Spanien der Bürgerkrieg ausgebrochen. Im März 1938 erfolgte der »Anschluß« Österreichs ans Deutsche Reich.

Explosiv wurde die Lage im März 1939, als Deutschland die Tschechoslowakei besetzte und als Italien einen Monat später in Albanien einfiel. Um das Bild zu vervollständigen, sollte man festhalten, daß Japan durch das, was Tokio einen Zwischenfall nannte, in einen großen Krieg mit China geraten war. Die heute als Zweiter Weltkrieg verbuchte Katastrophe war nur noch fünf kurze Monate entfernt.

So ist es kaum verwunderlich, daß Franklin D. Roosevelt 1937 alles tat, um zu verhindern, daß Amerika in den großen, unvermeidlich erscheinenden Konflikt verwickelt würde. Sein *New Deal* fing gerade erst an, die Depression zu überwinden, die das Land fast in die Knie gezwungen hatte, und die Vereinigten Staaten waren damals ebensowenig wie 1914 darauf vorbereitet, einen großen Krieg zu führen. Seine Luftwaffe war, was die Zahl der Kampfflugzeuge anging, unter den Weltmächten auf den sechsten Platz gerutscht. Das war mehr als beunruhigend zu einer Zeit, als die Ereignisse in Spanien im Begriff standen, die lange gehegte Überzeugung zu bestätigen, daß sich in einem künftigen Kriege die Luftmacht sehr wohl als entscheidender Faktor erweisen könnte.

Wenige Monate vor seinem Tod im Februar 1936 hatte »Billy« Mitchell, Amerikas Vorkämpfer für Luftmacht, Roosevelt klarzumachen versucht, wie dringend notwendig eine starke offensive Luftwaffe sei; er hatte sogar prophezeit, Japan werde für die Einbeziehung Amerikas in einen Krieg verantwortlich sein. Leider stimmte sein Zeitplan nicht. Die Weltgeschichte mußte erst beweisen, daß in diesen »Unruhigen Zeiten« Isolierung nicht mehr möglich war, wenn Vertrauen und Sicherheit wieder echten Sinn erhalten sollten.

Tatsächlich schien es 1937/38 sehr schwierig zu sein, irgend jemanden von der Notwendigkeit der Langstreckenbomber zu überzeugen, welche das Air Corps mit soviel Mühe entwickelt hatte. Das Aufbringen des italienischen Dampfers *Rex* durch drei B-17 des GHQAF 725 Meilen vor der amerikanischen Ostküste sollte beweisen, wie wirkungsvoll diese neuen Flugzeuge Amerikas Verteidigungslinie nach vorn verlegen konnten. Der einzige Erfolg war Ärger mit der amerikanischen Marine. So groß war dieser Ärger, daß das Air Corps Flugoperationen nur bis höchstens 100 Meilen vor der Küste ausführen durfte.

Das war für GHQAF nur der erste Schlag. Im Frühjahr 1938 befahl der Kriegsminister dem Air Corps, die Anschaffung von Bombern im Haushaltsjahr 1940 auf leichte, mittlere und Angriffsbomber zu beschränken. Im Mai 1938 hatte der stellvertretende Generalstabschef Maj.-Gen. Stanley D. Embrick die Auffassung des Generalstabes über schwere Bomber folgendermaßen formuliert:

1. Unsere Wehrpolitik zielt auf Vorbereitung von Verteidigung, nicht von Aggression.
2. Die Verteidigung zur See mit Ausnahme der Küstenzone ist Sache der Marine.
3. Daß die B-17 den zwei oder drei kleineren Flugzeugen, die mit den gleichen Mitteln zu beschaffen sind, militärisch überlegen ist, bleibt noch zu beweisen.

Damit wurde dem Air Corps und seinem GHQ der Boden unter den Füßen weggezogen, denn diese Auffassung schied gerade diejenigen Kampfaufträge aus, für die die Langstreckenbomber entwickelt worden waren. Brigadier-General Andrews und sein Stabschef Colonel Hugh J. Knerr sowie die übrigen Luftmacht-Anhänger im Stab des GHQAF wurden über das ganze Air Corps verteilt, womit die Hoffnung auf eine strategische Luftwaffe erledigt zu sein schien.

Es war ein Glück für die Vereinigten Staaten, daß gegen Ende 1938 Präsident Roosevelt plötzlich klar zu werden schien, welche Rolle Luftmacht spielen könnte. Vielleicht kam ihm die Erkenntnis, nachdem er die Ereignisse in Spanien bedacht hatte, oder ihm hatte Deutschlands auf die Luftwaffe gestützte Machtpolitik Eindruck gemacht. Es ist sogar möglich, daß er sich an einige von Billy Mitchells leidenschaftlichen Appelle erinnerte. Wie dem auch sein mag, jedenfalls teilte Roosevelt dem Kongreß im Januar 1939 mit: »Unsere vorhandenen (Luft-)Streitkräfte sind so völlig unzureichend, daß sie alsbald verstärkt werden müssen.«

Die erwünschte Reaktion trat prompt ein. Am 3. April wurden 300 Millionen Dollar bewilligt, um dem Air Corps die Anschaffung von maximal 6 000 Flugzeugen zu ermöglichen. Zwar stellte sich heraus, daß es nicht möglich war, so viele Flugzeuge zu beschaffen, aber immerhin bestand Aussicht, daß bis zum 30. Juni 1941 eine ausgewogene Luftwaffe von reichlich 5 000 Maschinen zur Verfügung stehen würde.

Daß Präsident und Kongreß soviel Vertrauen zu den Möglichkeiten der Luftmacht hatten, bedeutete, daß die Armee ihre Einstellung ändern und die über das Air Corps verhängten Restriktionen aufheben mußte. Ein Schritt in diese Richtung war sogar schon im März 1939 getan worden, als eine Luftfahrtkommission zu prüfen begann, wie man Luftmacht am besten für die Landesverteidigung verwerten könne. Als General Marshall im September den Bericht der Kommission prüfte, bemerkte er, dieser schaffe »zum erstenmal einen spezifischen Auftrag für das Air Corps«.

Zu dessen neuer Rolle gehörte die Verantwortung für die Überwachung der Zugänge zu den USA vom karibischen und lateinamerikanischen Raum ebenso wie der Erwerb entfernter Stützpunkte, um den Aktionsradius des Air Corps noch mehr zu erweitern. Männer wie Arnold, Andrews und Knerr müssen es als Ironie empfunden haben, daß diese Aufträge eben jene Langstreckenflugzeuge erforderten, die man ihnen verweigert hatte – und die im Augenblick, als sie wirklich benötigt wurden, nicht zur Verfügung standen.

Am 1. September 1939 – der Tag, an dem General Marshall den Bericht der Luftfahrtkommission gelesen hatte – setzte Hitler Luftwaffe und Heer gegen Polen in Marsch. Zwei Tage später erklärten Großbritannien und Frankreich Deutschland den Krieg. Der Zweite Weltkrieg hatte begonnen.

In der erschreckend kurzen Spanne von sechzehn Tagen war der polnische Widerstand gebrochen. Die Welt wurde Zeuge der ersten Schulbuchvorführung eines neuen Konzepts der modernen Kriegführung: des Blitzkrieges. Dieser bestand im wesentlichen aus der engen Koordinierung von großen Mengen beweglicher Panzer, unterstützt und geschützt von einer Luftwaffe, die den Luftraum beherrschte. Im Zusammenwirken mit Fallschirmjägern und einer Fünften Kolonne – ein anderes Wort für Verräter, die den Feinden ihres Landes halfen – reichte diese Kombination aus, um alles hinwegzufegen.

Vielleicht zum erstenmal rüttelten Ereignisse in einem fernen Land die Amerikaner aus ihrer Selbstgefälligkeit auf. Der Präsident verlor keine Zeit, um Änderungen der Neutralitätsgesetze einzuleiten, durch die es kriegführenden Nationen gestattet wurde, von den USA Waffen zu kaufen, sofern sie den Transport mit eigenen Schiffen übernahmen. Das war für Frankreich und Großbritannien eine hochwillkommene Nachricht.

In der Zeit zwischen Sudetenkrise und Kriegsausbruch hatte die Flugzeugproduktion in Großbritannien enorm zugenommen. Leider hatte die französische Flugzeugindustrie damit nicht Schritt gehalten. Bis Ende 1939 hatten beide Länder zusammen 2500 Flugzeuge in den USA bestellt; drei Monate später waren es bereits 8200.

Aufträge dieser Größenordnung sorgten neben dem Bedarf des Air Corps dafür, daß die amerikanische Flugzeugproduktion auf höchsten Touren lief. Scheinbar war es nur noch eine Frage der Zeit, bis die europäischen Verbündeten darauf rechnen konnten, einen wirklich lohnenden Nachschub an Flugzeugen zu erhalten.

Es war Frankreichs und Englands Unglück, daß die Zeit bereits abgelaufen war. Bis Mai 1940 hatten die Deutschen Dänemark, Norwegen, Holland und Belgien ausgeschaltet. Im Juni kapitulierte Frankreich.

Zu sagen, daß Frankreichs Fall für Amerika einen Schock bedeutete, wäre noch untertrieben. Zum erstenmal seit Ausbruch des Zweiten

Weltkrieges begannen die Amerikaner sich zu fragen, ob Entfernung überhaupt noch Schutz gegen die Aggression biete, die sich in Europa so rasch ausbreitete.

Über Nacht wurde die Landesverteidigung zu einer Sache, die jeden anging, und der Nation insgesamt erschien das Air Corps als das sicherste Mittel der Verteidigung. Als General Arnold im Juni 1940 vor dem Kongreß erschien, bot man ihm einen Blankoscheck, damit er unverzüglich eine Luftwaffe aus 50000 Armee- und Marineflugzeugen schüfe und außerdem für eine Jahresproduktion von 50000 Flugzeugen sorgte – eine Zahl, die der Präsident schon einen Monat früher gefordert hatte.

Eine so riesige Anzahl von Maschinen, praktisch »von der Stange«, hätte man damals für noch so viel Geld von der amerikanischen Flugzeugindustrie nicht kaufen können; weder die Flugzeuge noch die Produktionskapazität waren vorhanden. Das Kriegsministerium versuchte zu realistischeren Zahlen zu kommen und forderte 18000 Flugzeuge bis zum 1. April 1942. Die Bewilligungen vermehrten sich aber ungeheuer, so daß binnen zwölf Monaten die Bestellungen für Armee- und Marineflugzeuge wieder die 50000 erreicht hatten.

Es kam offenbar darauf an, langfristige Produktionsziele aufzustellen, und der Präsident bat den Kriegs- und den Marineminister, realistische Voranschläge zu machen. Am 11. September 1941 lag ihr Bericht vor und erwies sich als eine bemerkenswert genaue Voraussage dessen, was die Luftwaffe benötigen würde, um gleichzeitig gegen Deutschland und Japan Krieg zu führen. Er forderte 239 Kampfgeschwader, 63467 Flugzeuge und 2164916 Mann, um bis 1944 ein Maximum an Schlagkraft gegen Deutschland zu ermöglichen. Ihre größte Stärke erreichte die USAAF mit 243 Kampfgeschwadern, 80000 Flugzeugen und 2400000 Mann.

Natürlich war es ein langer, mühseliger Weg, bis die Produktion auch nur andeutungsweise solche Mengen verheißen konnte. Die Hersteller erinnerten sich noch lebhaft ihrer Schwierigkeiten von 1919 und verlangten gesetzliche Sicherstellung, ehe sie sich auf eine Produktion solchen Ausmaßes einließen. Außerdem mußten völlig neue Fabriken gebaut und ausgerüstet werden.

Eine Vorstellung von den ersten Erfolgen geben folgende Zahlen: Von Juli 1940 bis Dezember 1941 wurden 22077 Militärflugzeuge aller Typen geliefert, davon nur 9932 an die Heeresluftwaffe.

Kein geringeres Problem war die Ausweitung des Ausbildungsprogramms des Air Corps, um die Männer bereitzustellen, die eine so gewaltige Luftflotte fliegen und warten konnten. Bis Dezember 1941 hatten harte Arbeit und Improvisationen beachtliche Ergebnisse gezeigt. Die Zahl der ausgebildeten Männer betrug 354000, davon 9000 Piloten; leider standen für sie nur wenig mehr als tausend Frontflugzeuge zur Verfügung.

Dieser rasche Ausbau bedeutete auch, daß sich die Organisationsstruktur, die in der Zwischenkriegszeit den Erfordernissen der Landesverteidigung und der Luftwaffe genügt hatte, als unzureichend erwies. Deshalb war bereits in den zwölf Monaten vor dem Dezember 1941 sehr viel geändert worden.

Die wachsende Sorge wegen der Unzulänglichkeit der Luftverteidigung hatte im März 1940 zu den ersten Änderungen geführt. Damals wurden die »numerierten« Luftflotten gebildet. Es waren die Erste, Zweite, Dritte und Vierte, die jeweils für den Nordwesten, Nordosten, Südwesten und Südosten der USA zuständig waren. Am 12. April erhielt jede dieser Luftflotten Weisung, je ein Bomber- und ein Abfangjägerkommando zu bilden. Das Bomberkommando war dazu bestimmt, mit der entsprechenden Armeegruppe an der Front zusammenzuarbeiten, das Abfangjägerkommando sollte sämtliche Aspekte der Verteidigung wahrnehmen, z. B. Frühwarnung.

Die Ausbildung fiel in die Zuständigkeit von zwei Kommandos: Das *Technical Training Command* leitete die Schulen für Bodenpersonal und Mechaniker, während das *Flying Training Command* für die Flugzeugbesatzungen zuständig war. Die frühere Beschaffungsabteilung wurde aufgeteilt; die dabei entstehende neue Abteilung für Beschaffung und Wartung hieß zunächst *Air Corps Maintenance Command,* was später in *Air Service Command* abgeändert wurde.

Ein weiteres, im Mai 1941 geschaffenes Kommando hieß *Air Corps Ferrying Command* (später *Air Transport Command*) und diente zunächst dazu, in Amerika gebaute Flugzeuge von der Fabrik an den transatlantischen Standort zu befördern. Eine weitere Aufgabe des Ferrying Command war die Einrichtung eines überseeischen Lufttransportdienstes, und sie wurde allmählich ebenso wichtig, wenn nicht wichtiger als die erste Aufgabe. Die beiden Hauptlinien, die von dem Kommando eingerichtet wurden, führten von Bolling Field über Neufundland und den Nordatlantik nach dem schottischen Prestwick sowie von demselben Ausgangspunkt über Brasilien und den Südatlantik nach Afrika.

Mitte Juni 1941 veranlaßte General George Marshall, Generalstabschef des Heeres, eine sehr wichtige Änderung im Oberkommando der Luftwaffe. Je schneller sich das Air Corps auszuweiten begann, um so mehr wurden die vorhandenen Kanäle im Kriegsministerium mit Angelegenheiten der Luftwaffe verstopft, was Verwirrung und Verzögerung zur Folge hatte.

Marshall wurde bald klar, daß sich die Leistungsfähigkeit enorm steigern ließe, wenn das Air Corps mehr Einheitlichkeit und Autorität besäße. Demgemäß setzte er die Heeresvorschrift 95-5 durch, die am 20. Juni 1941 in Kraft trat. Sie schuf die *United States Army Air Force* (USAAF) mit General »Hap« Arnold an der Spitze. Das bedeutete, daß Arnold, der zugleich stellvertretender Generalstabschef für Luftfahrt war, das Air Corps und das ehemalige GHQAF unter sich hatte, das inzwischen in *Air Force Combat Command* umbenannt worden war.

Die durch Frankreichs Sturz ausgelöste ungeheure Ausweitung der Luftstreitkräfte beschränkte sich nicht auf das Mutterland. Mit der Einsicht, daß Isolierung keine Garantie für Sicherheit mehr war, entstand eine völlig neue Einstellung zur Stationierung von Einheiten des Air Corps auf Stützpunkten im Ausland. Im Juli 1939 waren nur 3991 Angehörige des Air Corps außerhalb der USA stationiert.

Der erste Schritt erfolgte 1940, als Präsident Roosevelt bekanntgab, Großbritannien werde als Gegenleistung für die langfristige Verpachtung von acht Stützpunkten in britischen Besitzungen 50 Zerstörer aus der Flottenreserve erhalten. Einige dieser Stützpunkte wurden zusammen mit neu angelegten Basen auf Puerto Rico und in der Panamakanalzone unter dem Namen Karibisches Verteidigungskommando bekannt. Es verdient Beachtung, daß dessen erster Kommandeur, Maj.-Gen. Frank M. Andrews – er war 1939 der »unerwünschte« Kommandant des GHQAF gewesen –, als erster Fliegeroffizier Kommandeur eines Wehrbereiches wurde.

Dann wurden am 1. November 1941 die auf Hawaii vorhandenen Fliegereinheiten zur *Hawaiian Air Force* unter dem Ministerium für Hawaii zusammengefaßt. Am 6. Dezember 1941 verfügte diese Luftflotte insgesamt über 237 Flugzeuge, darunter 12 vom Typ B-17D. Im Juni 1941 beschloß man, auf den Philippinen eine starke Garnison einzurichten; einen Monat später wurde die philippinische Armee mobilgemacht. General Douglas MacArthur wurde reaktiviert und an die Spitze eines neuen Kommandos gestellt, das am 4. August aus der *Philippines Department Air Force* gebildet wurde und den Namen »Luftflotte der US-Armee Ferner Osten« (Air Force, United States Army Forces in the Far East) erhielt. MacArthur bekam eiligst beträchtliche Verstärkungen an Flugzeugen, so daß er am 5. Dezember 1941 über insgesamt 265 Kampfflugzeuge verfügte, darunter 35 B-17 und 107 P-40 Curtiss Warhawk.

Zu den ausländischen Stützpunkten, auf denen Ende 1941 Staffeln oder Abteilungen der AAF stationiert waren, gehörten Gander auf Neufundland, ein Stützpunkt in Holländisch-Guayana und ein dritter in der Nähe von Anchorage, Alaska; in Anchorage gab es ganze drei Staffeln von nahezu schrottreifen Flugzeugen.

Als wichtig für die nordatlantische Verteidigung waren von Anfang an die aufgrund einer Vereinbarung mit der dänischen Regierung errichteten Stützpunkte auf Island und Grönland geplant gewesen. Am bekanntesten war der Stützpunkt Narsarssuak auf Grönland, der gewöhnlich mit seinem Code-Namen Bluie West I erwähnt wurde. Ihr größter Wert erwies sich erst später: nicht für Verteidigungszwecke, sondern als Zwischenstation für riesige Mengen von Kampfflugzeugen mit relativ geringer Reichweite, die über den Atlantik nach Großbritannien und dem europäischen Festland geflogen wurden.

Eine Zwischenbilanz von Anfang Dezember 1941 zeigte, daß das Kriegsministerium seine Luftwaffe in den 27 Monaten, die England im Krieg gegen Deutschland stand, enorm verstärkt hatte. Die gesamte Personalstärke war von 26000 auf 354000 Mann gestiegen, darunter die Piloten von 2000 auf 9000 und die Mechaniker von 2600 auf 59000. Sorge bereitete der Umstand, daß die Zahl der Frontflugzeuge nicht in gleichem Umfang gewachsen war. 1939 hatte es deren 800 gegeben, darunter insgesamt 700 Douglas B-18 und Northrop A-17, aber nur 23 Boeing B-17.

Im Dezember 1941 gab es insgesamt 2486 Frontflugzeuge, von denen nach damaligen Maßstäben nur 1157 als modern gelten konnten. Ehe man aber die Flugzeugindustrie kritisiert, darf nicht vergessen werden, daß diese dabei war, sich auf eine umfangreiche Produktion vorzubereiten. Bald schon sollte sie riesige Mengen produzieren, darunter Flugzeuge wie die Bell P-39 Airacobra, die Fliegenden Festungen des Typs Boeing B-17, die Consolidated B-24 Liberator, die Douglas A-20 Havoc, die Lockheed P-38 Lightning, die Martin B-26 Marauder, die North American B-25 Mitchell und die Curtiss P-40 Warhawk. Alle diese Flugzeuge waren, als sie zur Verfügung standen, das Rückgrat der amerikanischen Luftwaffe in den ersten Kriegsjahren.

Im Herbst 1941 wurde immer deutlicher, daß die Japaner sich früher oder später als Hitlers gelehrige Schüler erweisen würden. Es sah so aus, als würden die Philippinen ihr erstes Angriffsziel sein; deshalb beschloß man, die AAF in jenem Gebiet zu verstärken. Maj.-Gen. Lewis H. Brereton wurde als MacArthurs Luftbefehlshaber entsandt.

Seine erste Aufgabe war, dafür zu sorgen, daß die Luftflotte Ferner Osten bereit war, jedem Angriff zu begegnen, den Japan gegen die Philippinen richten könnte. Er sah sich beträchtlichen Problemen gegenüber: ungetarnte B-17-Maschinen konnte man aus 40 km Entfernung sehen. Die Verbindungen waren unzulänglich und unzuverlässig; es gab zwei ungeprüfte Radaranlagen. Um als Beispiel solcher beunruhigenden Schwächen nur einen Punkt zu erwähnen: Es gab keinen Sauerstoff für die Besatzungen von Kampfflugzeugen. Flugoperationen über 5000 m Höhe fielen damit aus.

Während Brereton alles tat, um die Lage auf den Philippinen zu verbessern, war der für Kriegsplanung zuständige Offizier der Pazifischen Flotte eifrig bemüht, deren Oberkommandierendem, Admiral Husband E. Kimmel, zu versichern, daß Pearl Harbor »niemals« aus der Luft angegriffen würde.

Die Geschichte hat bewiesen, wie irrig diese Überzeugung war. Der Verlauf von Japans Überraschungsangriff auf Pearl Harbor am Sonntag, dem 7. Dezember 1941, ist oft erzählt worden und allgemein bekannt. Zwei Dinge werden aber wenig bedacht: Ein japanischer Angriff auf Australien oder auf eine britische oder holländische Kolonie hätte in Amerika nur eine geringe Reaktion ausgelöst, während der zweistündige Angriff auf Pearl Harbor die USA ein für allemal vom Isolationismus geheilt hat. Innerhalb dieser zwei Stunden schalteten 353 japanische Maschinen, die von Flugzeugträgern etwa 320 km nördlich von Oahu in zwei Wellen gestartet waren, praktisch die ganze amerikanische Pazifikflotte aus.

Von acht Schlachtschiffen wurden sieben versenkt oder schwer beschädigt, dazu drei Kreuzer, drei Zerstörer und ein Seeflugzeugtender. Ein Minenleger und ein Zielschiff wurden ebenfalls versenkt. Von 169 Marineflugzeugen auf Hawaii wurden 87 zerstört, und von 231 Maschinen der Hawaiian Air Force blieben nur 79 einsatzbereit. Über 2000 Amerikaner kamen ums Leben, fast 2000 wurden verwundet.

Drei Tage später wurden die britischen Schlachtschiffe *Prince of Wales* und *Repulse,* die von Singapur unterwegs waren, um die zerschlagene amerikanische Pazifikflotte zu verstärken, von japanischen Flugzeugen versenkt.

Damit war in drei kurzen Tagen durch Angriffe aus der Luft die Herrschaft im Pazifik in japanische Hände übergegangen.

Am 8. Dezember sprach Präsident Roosevelt vor beiden Häusern des Kongresses. Mit tiefbewegter Stimme schilderte er die Blitzangriffe der Japaner auf Hawaii, Malaya, Hongkong, Guam, die Philippinen, Wake und die Midway-Inseln. Er forderte, »der Kongreß möge erklären, daß seit dem unprovozierten, heimtückischen Angriff Japans am Sonntag, dem 7. Dezember 1941, zwischen den Vereinigten Staaten und dem Kaiserreich Japan der Kriegszustand besteht«.

Obwohl Amerika infolge einer japanischen Aggression in den Krieg eingetreten war, hatte man, um Großbritannien in seinem Kampf gegen die Achsenmächte zu unterstützen, beschlossen, daß der Aufbau militärischer Stärke in Europa Vorrang haben sollte.

Es wurde geplant, Truppen, Maschinen und Munition in England anzusammeln, um eine Landung in Frankreich für Ende 1942 oder das Frühjahr 1943 vorzubereiten. Während dieser Aufbauperiode sollten amerikanische Truppen an Landoperationen in Europa oder Afrika höchstens im Notfall teilnehmen.

Amerikas Beitrag zur Luftmacht auf den Kriegsschauplätzen in Europa und im Mittleren Osten bestand in vier Luftflotten: der 8., 9., 12. und 15. Luftflotte. Nach Europa kam als erste von ihnen die 8. Luftflotte, die am 28. Januar 1942 in Savannah, Georgia, aufgestellt worden war.

Im Februar 1942 kam Brigadier-General Ira C. Eaker nach England, um dort das Hauptquartier des Bomberkommandos einzurichten und

die Ankunft der Kampfverbände vorzubereiten. Der Kommandeur der
8. Luftflotte, Maj.-Gen. Carl Spaatz, traf im Juni ein und errichtete sein
Hauptquartier am 18. Juni in Bushy Park in der Nähe des Schlosses
Hampton Court. Beide kamen mit der Absicht, Zustimmung zu finden
und nicht etwa wie im Ersten Weltkrieg als »lärmende Yankees« abge-
stempelt zu werden. Ein Beispiel dafür war die knappe Erwiderung
Eakers auf eine Begrüßungsrede. Er sagte einfach: »Wir werden nicht
viel reden, bis wir mehr gekämpft haben. Wir hoffen, Sie werden, wenn
wir abziehen, froh sein, daß wir gekommen sind. Danke.« Das kam gut
an und trug viel dazu bei, die Beziehungen zu ihren britischen Partnern
zu fördern, die schon lange hart gekämpft und dabei viel gelernt hatten.
Vor allem hatte die Royal Air Force (RAF) durch Opfer gelernt, daß
große Verbände schwerer Bomber für deutsche Jäger leichtes Spiel bedeuteten, wenn sie bei Tage ohne ausreichenden Jagdschutz weite Strek-
ken zurücklegen mußten.

Andererseits war man überzeugt, daß die B-17 ausreichend bewaffnet
waren, um sich bei Präzisionsangriffen am Tage angemessen verteidigen
zu können. Es blieb abzuwarten, ob Erfahrung oder Theorie sich als
richtig erweisen würden.

So begannen Anfang August die 8. Luftflotte und die RAF mit der
Planung einer koordinierten Offensive, wobei sie jeweils für Tages- und
Nachtoperationen zuständig waren und dergestalt rund um die Uhr den
gemeinsamen Feind angreifen würden.

General Eaker befehligte persönlich die erste von England ausgehen-
de Operation schwerer amerikanischer Bomber am 17. August 1942, als
12 B-17 den Rangierbahnhof in Rouen-Sotteville in Frankreich angriffen, während sechs andere schwere Bomber ein Ablenkungsmanöver
ausführten. Unter starkem Geleitschutz von Spitfire-Jägern der RAF
flogen sie einen erfolgreichen Angriff; alle B-17 kehrten zu ihren Stützpunkten zurück, während einige Geleitjäger verlorengingen. Ähnliche
Kurzstreckenangriffe mit Geleitschutz der RAF unternahm die 8. Luftflotte in den folgenden drei Wochen; bei insgesamt elf Einsätzen gingen
nur zwei B-17 verloren. Im amerikanischen Lager herrschte verständli-
cher Jubel. Es schien, als sollte die selbstgewählte Rolle von Präzisionsangriffen am Tage mit der schwerbewaffneten Fliegenden Festung das
Kriegsglück schnell den Alliierten zuwenden. Sie ließen sich täuschen:
von dem guten Wetter, das ihnen überdurchschnittlich genaue Bombenwürfe gestattete, und von einer vorsichtigen Beurteilung dieser neuen
Bomber durch die deutsche Luftwaffe. Die Amerikaner mußten noch
lernen, daß weites Eindringen in den feindlichen Luftraum ohne ausreichenden Geleitschutz eine gänzlich andere Sache war.

Das zu lernen, wurde der 8. Luftflotte aus zwei Gründen schwerge-
macht. Einmal kam von Winston Churchill die dringende Bitte um Hilfe
im Mittleren Osten. Man beschloß, daß die ersten Verstärkungen aus

Indien geschickt und dem Kommando von General Brereton unterstellt werden sollten. Dieser traf am 28. Juni in Kairo ein und schuf die Luftflotte Mittelost der US-Armee (US Army Middle East Air Force), aus der im November die 9. Luftflotte wurde. Sie genoß, was Männer und Maschinen anging, Vorrang vor der 8. Luftflotte und leistete zum Feldzug in der westlichen Wüste einen wichtigen Beitrag. Sie konzentrierte sich auf strategische Ziele in Südeuropa, griff außerdem feindliche Häfen und Geleitzüge an und enthielt dadurch Rommels Afrikakorps beträchtliche Verstärkungen und riesige Nachschubmengen vor.

Der zweite Umstand, der schwere Angriffe der 8. Luftflotte auf Deutschland zunächst verhinderte, war die Entscheidung, eine alliierte Invasion in Nordafrika vorzubereiten, die »Operation Torch« (Operation Fackel). Als erste große amphibische Operation auf dem europäischen Kriegsschauplatz landeten amerikanische Truppen im Morgengrauen des 8. November 1942 mit Unterstützung britischer See- und Luftstreitkräfte an der Küste Französisch-Nordafrikas.

Der Erfolg dieser Operation bedeutete, daß die Achsen-Streitkräfte in Nordafrika an zwei Fronten kämpfen mußten. Während sich die Zange unerbittlich um sie schloß, standen sie mit dem Rücken zum Mittelmeer – und Luftmacht hieß jetzt, daß es für Deutsche und Italiener ein Dünkirchen nicht geben würde. Über eine Viertelmillion Soldaten wurden gezwungen, sich den Alliierten zu ergeben.

Es bedeutete auch, daß die Nordwestafrikanischen Luftstreitkräfte (Northwest African Air Forces, NAAF) unter Maj.-Gen. Spaatz nun anfangen konnten, Schläge gegen den von Churchill so getauften »weichen Unterleib Europas« auszuteilen. So weich war dieser freilich nicht, aber jetzt war der Zeitpunkt gekommen, da die Produktion der Alliierten imstande war, ständig wachsende Mengen von Kriegsmaterial zu liefern.

Die italienische Insel Pantelleria fiel zuerst – allein dank der Luftmacht. Nachdem die NAAF die Verteidiger mit mehr als 6 000 t Bomben eingedeckt hatte, kapitulierte die Garnison, noch ehe Sturmtruppen die Insel erreicht hatten. Es folgten das Luftbombardement und die Invasion von Sizilien und Italien. Während des Sizilienfeldzuges unternahmen schwere Bomber der 9. Luftflotte von Nordafrika aus eine der bedeutendsten Luftoperationen auf dem europäischen Kriegsschauplatz: einen Tiefangriff von B-24-Bombern auf die rumänischen Ölraffinerien in Ploesti.

Schätzungen besagten, daß zwei Drittel des Rohöls für Deutschland aus den Ölfeldern von Ploesti kamen. Ein erfolgreicher Angriff auf diese Quellen würde daher nicht nur Deutschland eines lebenswichtigen Rohstoffs berauben, sondern gleichzeitig der Sowjetunion unmittelbar Hilfe leisten. Die Russen hatten 1941/42 begrenzte Angriffe auf Ploesti geflogen; die USAAF hatte dieses Ziel 1942 ohne Erfolg angegriffen.

Der Plan eines massierten Tiefangriffs von Libyen aus stammte von Colonel Jacob E. Smart, der General Arnolds Beraterkreis angehörte. General Brereton als Kommandeur der 9. Luftflotte befehligte die Operation, und sein Planungsstab beschloß, in jeder der neun Hauptraffinerien in Ploesti eine begrenzte Zahl von wichtigen Anlagen anzugreifen. Die allgemeine Gliederung des Zielgebietes war bekannt, aber niemand wußte, in welchem Umfang die Abwehr seit den Angriffen von 1942 ausgebaut worden war. Um ein Höchstmaß an Überraschung zu erzielen, beschloß man, sich dem Ziel im Tiefflug von Nordwesten her zu nähern, wobei bestimmte Verbände besonders ausgesuchte Ziele angreifen würden.

Insgesamt wurden 177 B-24 dazu ausersehen, 311 t Sprengbomben sowie 290 Kisten britische und 140 Bündel amerikanische Brandbomben mitzunehmen. Jedes Flugzeug wurde mit einem neuen Tiefflug-Zielgerät und mit zwei zusätzlichen Benzintanks in den Bombenschächten ausgerüstet, so daß der gesamte Treibstoffvorrat 14000 Liter betrug.

Ein Flachmodell des Gebietes von Ploesti wurde in der libyschen Wüste ausgelegt und immer wieder angegriffen, bis alle beteiligten Mannschaften mit ihren speziellen Zielen vertraut waren. Zum Abschluß unternahm das ganze Geschwader am 28. und 29. Juli zwei koordinierte Angriffe auf das Ploesti-Modell; der zweite »beseitigte« es binnen zwei Minuten. Planung und Vorbereitung schienen so vollkommen wie möglich zu sein.

Am 1. August 1943 starteten kurz nach Morgengrauen die 177 Liberator-Maschinen in fünf Gruppen unter dem Kommando von Brigadier-General Uzal C. Gent; an Bord befanden sich 1725 Amerikaner und ein Engländer. Die ersten Verluste gab es schon nach wenigen Minuten, als Motorschaden eine der Maschinen zur Notlandung zwang. Dabei stürzte der Bomber ab und geriet in Brand; bis auf zwei Mann kam die ganze Besatzung um. Das war das erste in einer Kette von Ereignissen, durch die Ploesti bis auf den heutigen Tag die kostspieligste Zielscheibe der USAAF geworden ist.

Während die Bomber über das Mittelmeer flogen, schien jedoch zunächst alles gutzugehen. Als das Geschwader sich in 1 300 m Höhe Korfu näherte, begann es planmäßig auf 3 300 m zu steigen, als plötzlich das führende Flugzeug in eine steile Kurve ging und ins Meer stürzte; an Bord befand sich der Chefnavigator der ganzen Operation. Eine andere Maschine löste sich aus dem Verband, um im Tiefflug nach Überlebenden zu suchen. Die Maschine war mit Benzin und Bomben noch schwer beladen, und der Pilot merkte, daß er nicht wieder zum Geschwader aufsteigen konnte. Er kehrte um und nahm Kurs über das Mittelmeer zum Heimatstützpunkt; an Bord befand sich der stellvertretende Chefnavigator.

Die Ereignisse bei Korfu hatten zur Folge, daß die fünf Gruppen in zwei Verbände aufgeteilt wurden, deren einer die 93. und 376. Gruppe umfaßte, der andere die Gruppen 44, 98 und 389. Mächtige Wolkengebilde nahe der albanischen Grenze verhinderten die Vereinigung der Verbände, und bald nach 11 Uhr vormittags erreichten die Gruppen 376 und 93 Pitesti in Rumänien. Hier nahmen sie Kurs auf ihren letzten Wendepunkt Floresti und donnerten nur etwa 160 m über dem Boden dahin. In Floresti sollten sie eine Kursänderung von etwa 50 Grad nach Steuerbord parallel zu einer direkt nach Ploesti führenden Bahnlinie bringen. Unglücklicherweise gab es auf halbem Wege in Targoviste ebenfalls eine Bahnlinie etwa 50 Grad Steuerbord, und hier änderte die 376. gefolgt von der 93. Gruppe ihren Kurs. Die Bahnlinie führte direkt nach der Hauptstadt Bukarest, und alsbald wurde die gesamte rumänische Abwehr alarmiert. Mit der Überraschung von Ploesti war es vorbei.

Die beiden Gruppen erkannten ihren Fehler und kehrten um, um die vorgesehenen Ziele in Ploesti anzugreifen, doch näherten sie sich ihnen aus der falschen Richtung, wodurch die Identifizierung fast unmöglich wurde. Auch stellten sie fest, daß die Abwehr viel stärker war, als man angenommen hatte. Sie stießen auf ein vernichtendes Sperrfeuer aus Maschinengewehren, Geschützen und schweren Flakbatterien. Die Verwirrung wurde noch größer, weil durch dichte Rauchschleier die Ziele, Fabrikschornsteine und Ballonkabel, verdeckt wurden.

Die Irrtümer mehrten sich, und aus gründlicher Planung wurde ein Chaos. Die amtliche Geschichte der USAAF im Zweiten Weltkrieg schildert die Ereignisse folgendermaßen: »Die 98. und 44. (Gruppe) unter Führung der Colonels John R. Kane und Leon W. Johnson trafen an dem korrekten Ausgangspunkt ein, als die 93. soeben ihren Anflug beendet hatte. Sie stellten fest, daß die Abwehr gründlich alarmiert war. Ebenso schlimm war, daß sie durch Brände und Explosionen von Spätzündern fliegen mußten, welche die 93. abgeworfen hatte. Die beiden Gruppen wären berechtigt gewesen, umzukehren; statt dessen nahmen sie geradewegs Kurs auf ihre Ziele – durch intensives Flakfeuer, Explosionen, Flammen und dichten schwarzen Rauch, der Ballonkabel und hochragende Schornsteine verbarg. Die B-24 fielen wie die Fliegen, aber die Ziele wurden schwer und präzise getroffen. Als die beiden Gruppen Ploesti verließen, stürzten sich feindliche Jäger auf sie, und auf dem Heimweg wurden sie von Maschinen jeglichen Typs angegriffen, von Me 109 bis zu nicht identifizierten Doppeldeckern. Die letzten Angriffe kamen, als die Liberators schon über der Adria waren.«

Eine abschließende Analyse der Ploesti-Operation ergab, daß die Ergebnisse weit hinter den Erwartungen zurückgeblieben waren: 54 Flugzeuge und 532 Mann gingen verloren. Zum Erfolg gehörte, daß etwa 42 Prozent der Produktionskapazität der Raffinerien in Ploesti zerstört wurden, und daß rund 40 Prozent der Krackkapazität für vier bis sechs Monate ausfielen.

54

Den Deutschen gelang es jedoch schnell, stillgelegte Anlagen in Ploesti wieder in Betrieb zu nehmen, so daß in Verbindung mit den rasch abgeschlossenen Reparaturen wenig beschädigter Anlagen die Kapazität der Raffinerien bald wiederhergestellt war. Erst in der Zeit zwischen dem 5. April und 19. August 1944 warfen schwere Bomber bei insgesamt 5 287 Einsätzen etwa 12 890 t Bomben auf Ploesti und drückten damit die Produktion um schätzungsweise 62 Prozent.

Während diese Operationen vom nordafrikanischen Kriegsschauplatz aus stattfanden, hatte die in England stationierte 8. Luftflotte ihre Tagesangriffe in Europa fortgesetzt. Es erwies sich als ein schrecklich mühseliges Geschäft, die nötige Stärke für lohnende Angriffe aufzubauen. Der nordafrikanische Feldzug genoß hinsichtlich Menschen und Maschinen Vorrang. Infolgedessen trafen Bomber und Mannschaften in so bescheidener Zahl in England ein, daß es erst am 17. April 1943 möglich wurde, mindestens 100 Flugzeuge an einem einzigen Tag gegen Feindziele einzusetzen.

Inzwischen war überdeutlich geworden, daß ausreichender Geleitschutz durch Jäger wesentlich war, wenn die Verluste in annehmbaren Grenzen bleiben sollten. Das wiederum bedeutete, daß die Reichweite der Bomberoffensive von der Reichweite der Geleitjäger abhing. Daher mußten sich die Operationen der B-17 in den ersten sechs Monaten auf die französische Kanalküste und das Hinterland bis Lille, auf die Atlantikküste von Brest an südwärts und auf deutsche Anlagen im Raum von Rotterdam beschränken.

So war die Lage im Mai 1943, als Jäger vom Typ Republic P-47 Thunderbolt in genügender Zahl einzutreffen begannen, um die Spitfires der Royal Air Force zu entlasten, die bis dahin die Aufgabe übernommen hatten, die amerikanischen Bomber zu schützen. Für die 8. Luftflotte war es enttäuschend, daß die P-47 zunächst keine größere Reichweite ermöglichten.

Im Laufe der folgenden Monate bewirkte die Verbindung von technischen Änderungen und der Erfahrung der Piloten eine geringe Ausdehnung der Reichweite, aber erst im August ermöglichten abwerfbare Benzintanks unter dem Rumpf der Maschine es den Thunderbolts, ihre Flüge bis nach Hamburg auszudehnen. Als noch weitere Benzintanks angebracht wurden, erhielten die Jäger eine taktische Reichweite von 680 km. Sie ermöglichte es den Fliegenden Festungen endlich, zusammen mit dem Bomberkommando der RAF rund um die Uhr im Einsatz zu sein.

Es war ein günstiger Augenblick, weil gleichzeitig das britische Bomberkommando mit intensiven Flächenangriffen in großen Industriestädten begann. Diese Angriffe wurden räumlich und zeitlich konzentriert, so daß die feindliche Abwehr eingedeckt war.

Dieses Zusammenwirken der USAAF bei Tage mit der RAF bei

Nacht war so wirkungsvoll, daß bis zum Frühjahr 1944 im Zentrum von 43 deutschen Städten über 10 000 Hektar in schwelende Trümmer verwandelt wurden.

Im Frühjahr 1944 erhielt die 8. Luftflotte beträchtliche Verstärkungen, als in wachsender Zahl Maschinen vom Typ North American P-51 Mustang eintrafen. Dieses Flugzeug muß man zu den großen Jägern des Zweiten Weltkrieges zählen. Er wurde gebaut, um dem britischen Wunsch nach einem Jäger zu genügen, der aus den Erfahrungen der ersten Luftkämpfe in Europa Nutzen zöge. Der Prototyp wurde in knapp vier Monaten gebaut und flog erstmals im Oktober 1940.

Als die 8. Luftflotte die Mustang erhielt, besaß dieses ungewöhnliche Flugzeug für Geleitzwecke eine Reichweite von etwa 1 500 km. Das bedeutete, daß die Jäger nicht mehr am Schürzenband der B-17 und B-24 hingen, sondern den Himmel rings um ihre Schutzbefohlenen zur Verfügung hatten. Der bisher gültige Befehl, nur »die Bomber zu schützen«, wurde jetzt erweitert durch den Zusatz »und den Feind zu verfolgen und zu vernichten«.

Die 8. Luftflotte bedurfte keines Zuspruchs und konzentrierte sich seither bis zum Tag der Invasion darauf, Fabriken, die Flugzeugteile herstellten, Montagehallen, Kugellagerfabriken, strategische Eisenbahnknotenpunkte und feindliche Flugplätze zu zerstören. Dabei operierten sie über weite Gebiete hinweg und vergaßen natürlich nicht feindliche Flugzeuge in der Luft und am Erdboden.

Am Tag der Invasion war die 8. Luftflotte voll einsatzbereit, eine mächtige und stolze Luftwaffe. Solche Gefühle waren berechtigt, denn sie hatte einer skeptischen Welt bewiesen, daß Präzisionsangriffe bei Tage ein brauchbares Konzept waren. Sie hatte bewiesen, daß sogar einzelne Fabriken bei Tage genau getroffen werden konnten, und daß dank solcher Genauigkeit für viele Ziele ein kleinerer Verband ausreichen würde. Sie hatte bewiesen, daß durch ständige Tagesangriffe im Zusammenwirken mit der Nachtoffensive der RAF die Abwehr, die Produktionsanlagen und die Zivilbevölkerung des Feindes täglich 24 Stunden lang in Spannung gehalten wurden, was für die Moral und die Produktion entsprechende Folgen hatte.

Das alles hatte sie bewiesen – aber um welchen Preis! Bis die Mustangs eintrafen, hatten die Festungen, die Liberators und deren Besatzungen einen großen Teil der Zeit darauf verwenden müssen, sich den Weg zu und von ihren Zielen zu erkämpfen. Sie suchten sich teilweise dadurch zu schützen, daß sie achtzehn Bomber zu einer »Pulk« genannten Formation zusammenfaßten und zwei oder drei dieser geschlossenen »Pulks« senkrecht übereinander stapelten, so daß sie ein Kampfgeschwader bildeten.

Tag für Tag zerriß die 8. Luftflotte in dieser präzisen Formation den ländlichen Frieden von East Anglia, wenn sie zu ihren Zielorten startete.

Später schleppten sie sich nach Hause: mit drei oder nur zwei laufenden Motoren, mit großen Löchern in Tragflächen und Rumpf und oft mit vielen Verwundeten oder Toten unter ihrer Besatzung.

Am nächsten Tage aber taten sie mit kaltblütiger, an Heldenmut grenzender Tapferkeit genau dasselbe – und so weiter; Tag für Tag. Kann man sich in seiner Phantasie ausmalen, was es bedeutete, wenn nach einem Angriff auf Schweinfurt, bei dem 60 von 291 Fliegenden Festungen verlorengegangen waren, neu zusammengestellte Mannschaften ihren Kampfauftrag für den folgenden Tag erhielten? Als Deutschland kapitulierte, hatte die 8. Luftflotte die erstaunliche Menge von 701 300 t Bomben auf feindliche Ziele in Europa abgeworfen – und zwar bei Tag!

Gleichwohl hatten sie nicht als einzige amerikanische Flieger in Europa gekämpft, denn im September 1943 war die 9. Luftflotte von Nordafrika nach Großbritannien verlegt worden; ihr Kommandeur war General Brereton, der im August 1944 von Maj.-Gen. Hoyt S. Vandenburg abgelöst wurde. Am 15. Oktober 1943 wurde sie zu einer taktischen Luftflotte umgebildet, die aus Jägern, mittelschweren und leichten Bombern bestand und rasch zur größten einzelnen Luftflotte ihrer Art in der Welt heranwuchs.

Die wichtigsten Waffen der 9. Luftflotte waren die Jäger P-51 und P-47 sowie die Lockheed P-38 und als Bomber die Martin B-26 Marauder. Ihre erste große Aufgabe bestand darin, den Gegner daran zu hindern, daß er die vielen großen Flugplätze benutzte, die er in Belgien, Frankreich und Holland gebaut hatte. Bis Ende 1943 war ihnen das soweit gelungen, daß sie ihre Aufmerksamkeit den Abschußrampen der Flugbomben, den sog. V-Waffen, zuwenden konnten, die an der Küste von Calais bis zur Normandie wie Pilze aus dem Boden geschossen waren.

Im Frühjahr 1944 beschäftigte sich die Luftflotte mit Vorarbeiten für die Invasion. Ihre Kampagne war für die Alliierten von größtem Wert, ebenso ihre Angriffe im Mai, die sich auf Brücken über die Seine zwischen Paris und Le Havre konzentrierten. Am ersten Tag der Invasion flog sie weit und breit 4700 Einsätze, gab Jagdschutz, geleitete Truppentransporte, unternahm Aufklärungsflüge und machte dem Feind das Leben schwer, wo immer er versuchte, Truppen und deren Ausrüstung ins Kampfgebiet zu schaffen.

Eine bekannte Methode waren die Bombenteppiche, welche die 9. Luftflotte am 25. Juli 1944 legte und damit den bei St. Lô aufgehaltenen Bodentruppen wertvolle Hilfe leistete. Auf ein Gebiet von etwa 6400 mal 230 Metern warf sie insgesamt 3400 t Bomben ab und demoralisierte dadurch den Feind so, daß die 1. Armee ihren Vormarsch fortsetzen konnte.

In den langen Monaten bis zur deutschen Kapitulation brachte es die

9. Luftflotte irgendwie fertig, Tag und Nacht meistens nahezu überall zu sein. Die Einrichtung taktischer Luftkommandos, die einzelnen Armeen attachiert wurden, verschafften den Bodentruppen wertvolle Unterstützung, die nun, wo oder wann immer es am nötigsten war, auf massive Luftunterstützung zählen konnten. Als Anfang 1945 die Deutschen den verzweifelten Versuch unternahmen, das Ruhrgebiet zu verteidigen, spielte die 9. Luftflotte eine wichtige Rolle bei dem Vorhaben, das Gebiet zu isolieren und das Verkehrsnetz darin zu zerstören.

Als der Krieg in Europa endete, hatte die 9. Luftflotte in der kurzen Frist von 19 Monaten 239 213 t Bomben abgeworfen, 74 299 865 Schuß Munition abgefeuert und dem Feind mit 13 959 Luft-Boden-Raketen zugesetzt.

Mehr als jeder andere einzelne Faktor beschleunigte der Mangel an Treibstoff Deutschlands Zusammenbruch. Tag und Nacht hatten die USAAF und die RAF auf Fabrikationszentren des Feindes eingehämmert, aber trotzdem hatten Wunder an Tarnung und Auslagerung es den Deutschen ermöglicht, ungeheure Mengen an Rüstungsmaterial aller Art zu horten, das zu Lande, zur See und in der Luft eingesetzt werden sollte. Ohne Treibstoff waren jedoch alle diese Vorräte gelähmt.

Die westlichen Alliierten eilten ostwärts, die Russen gen Westen; sie trafen sich am 25. April 1945 an der Elbe. Zwölf Tage später kapitulierte Deutschland bedingungslos. Die Luftmacht hatte ihren ersten großen, überwältigenden Sieg errungen.

Die Statistik vermittelt nur Teileindrücke von der Leistung in dem ungeheuerlichen Kampf gegen Hitlers bewaffnete Macht und grausame Entschlossenheit. Wie so manche Statistik aus Kriegszeiten ist sie nicht immer zuverlässig und bringt von einer Quelle zur anderen abweichende Ergebnisse; auch kann man sie auf ganz verschiedene Weise interpretieren. Eine Zahl jedoch ist wichtiger als alle anderen. Fast 45 000 amerikanische Flieger der 8. und 9. Luftflotte haben als ihren Beitrag zur Sache der Alliierten ihr Leben geopfert in der Hoffnung, daß Europa für alle Zeit die Segnungen der Freiheit genießen möge.

Rauch und Gestank der Schlacht hingen noch um die Wracks von Pearl Harbor, als Präsident Roosevelt am 8. 12. 1941 vor dem Kongreß sagte: »Mit Vertrauen in unsere Streitkräfte, mit der grenzenlosen Entschlossenheit unseres Volkes werden wir unausweichlich den Sieg erringen, so Gott uns helfe!« In der Nacht zuvor hatten Menschen Angst gehabt, Schmerzen ertragen oder ihr Leben verloren, als die Japaner ihren Schlachtplan im Pazifikraum in die Tat umsetzten.

Es war ein großer Plan. Das Ziel war, den Griff der Alliierten um einen Kreis von Stützpunkten zu lockern, sie immer weiter nach außen zu drängen und den japanischen Verteidigungsbereich zu erweitern, so daß die Japaner bei ausreichendem Einsatz ihrer See- und Luftstreitkräfte die Alliierten mit Erfolg daran hindern würden, Japans Hauptinsel anzugreifen.

Auf ernsten Widerstand stieß der Feind nur an einem Punkt. Eine heldenmütig in die Länge gezogene Verteidigung der Philippinen durch amerikanische und philippinische Streitkräfte unter General Douglas MacArthur gab der erschütterten amerikanischen Nation beträchtlichen neuen Mut. Er brachte auch ein noch weit größeres Geschenk: Zeit, damit sich die Vereinigten Staaten von dem ersten Schock der feindlichen Blitzangriffe erholen konnten. Mit einer winzigen Verteidigungstruppe von etwa 36 000 Mann band MacArthur fast 200 000 japanische Soldaten, ihre Nachschubflotte und einen Teil der Kaiserlichen Marine vier Monate lang. Es gelang ihm auch, eine große Zahl von Soldaten und riesige Materialmengen zu vernichten.

MacArthur und sein Luftbefehlshaber General Brereton hörten schon früh von dem Angriff auf Pearl Harbor. Leider hatten sie mit dem Einsatz ihrer Luftflotte gezögert, zu der 35 Fliegende Festungen, 107 P-40 Warhawks, einige Maschinen vom Typ Republic P-35A sowie etliche veraltete Bomber, Transport- und Schulflugzeuge gehörten, insgesamt etwa 250 Maschinen.

Am 8. Dezember wurden bald nach 8 Uhr morgens zwei Staffeln von P-40 eilig auf Erkundungspatrouille geschickt. Zwei Staffeln Festungen erhielten Befehl, aufzusteigen, damit sie nicht am Boden überrascht würden. Brereton wollte die Festungen gern gegen feindliche Stützpunkte auf Formosa einsetzen, doch war MacArthur dagegen, da zu dieser Zeit noch keine förmliche Kriegserklärung vorlag. Schließlich setzte Brereton sich durch, und gegen Ende des Vormittags kehrten die B-17 nach Clark Field zurück, um sich auf die Operation vorzubereiten. Etwa gleichzeitig kehrten die P-40-Staffeln zum Auftanken zurück.

Eine gemischte feindliche Luftflotte von etwa 200 Jägern und Bombern befand sich von Formosa aus im Anflug und war nicht mehr weit entfernt. Etwa die Hälfte davon griff den Jägerstützpunkt Iba Field an und zerstörte ihn innerhalb weniger Minuten vollständig, während die übrigen Maschinen den Angriff auf Clark Field einleiteten. Nach einer halben Stunde lag der Stützpunkt in Trümmern, die Gebäude standen in Flammen, alle kostbaren Maschinen waren zerstört oder beschädigt.

Nicht viel anders verliefen die nächsten beiden Tage, an denen Breretons Luftflotte auf 12 einsatzfähige B-17, 22 P-40 und 8 P-35 reduziert wurde. Da es zu wenige waren, um sie im Kampf zu riskieren, sparte man sie für Erkundungsflüge auf. In den folgenden Wochen wurden es immer weniger; soweit man die Maschinen noch in die Luft bringen konnte, lieferten sie wertvolle Nachrichten, bis am 7. Mai MacArthurs Frontkommandeur Maj.-Gen. J. M. »Skinny« Wainwright ohne ausreichende See- oder Luftunterstützung keinen Widerstand mehr leisten konnte und sich dem Feind ergab.

In den sechs Monaten, die dem Angriff auf Pearl Harbor folgten, fegten die japanischen Streitkräfte alles aus dem Weg. Da sie nun zur See und in der Luft die Vorherrschaft hatten, konnten sie sich über riesige Gebiete im Westpazifik ausbreiten und Australiens und Indiens Sicherheit ernstlich bedrohen.

Die Eroberung und Besetzung dieser Räume verschaffte den Japanern nicht nur den Verteidigungsbereich, den zu besitzen sie sich gewünscht hatten, sondern das Gebiet war auch reich an Rohstoffen und damit eine unschätzbar wertvolle Beute. So lange Japan die Herrschaft über die von seinen Heimatinseln ausstrahlenden See- und Luftwege behielt – sie erstreckten sich über etwa 6500 km im Umkreis von Tokio von Nordosten bis Südwesten –, war das neue japanische Imperium gesichert.

Die Alliierten erkannten freilich rasch, daß diese überlangen Nachschublinien die Achillesferse des Feindes waren. Man verlor daher keine Zeit und mobilisierte auch die dürftigsten Hilfsquellen, um Japans Schiffsbestand zu zerstören und ihm die Luftherrschaft zu entreißen.

In den acht Monaten von April bis Dezember 1942 gab es sechs Ereignisse, die schließlich Japans Niederlage herbeiführten.

Die ersten beiden Ereignisse waren bereits eingetreten, ehe Maj.-Gen. Wainwright sich genötigt sah, mit seinen Truppen in Corregidor vor den Japanern zu kapitulieren.

Am Nachmittag des 4. April 1942 sichtete ein Catalina-Flugboot mit dem RAF-Offizier L. J. Birchall als Pilot auf einem Patrouillenflug etwa 350 Meilen südöstlich von Ceylon einen großen japanischen Flottenverband mit Kurs auf Ceylon. Birchall meldete seine Entdeckung sofort, doch hörte man weiter nichts von ihm und nahm an, seine Maschine sei zerstört worden.

Die Meldung wurde um Mitternacht bestätigt, als eine weitere Catalina dieses Geschwader meldete, das aus Schlachtschiffen, Kreuzern, Zerstörern und Flugzeugträgern bestand; es war Ceylon bereits um etwa 100 Meilen näher gekommen. Als dann später japanische Trägerflugzeuge den Hafen von Colombo und den in der Nähe von Trincomalee gelegenen britischen Flottenstützpunkt Ratmalana angriffen, war die Abwehr dank dieser frühzeitigen Warnung auf sie vorbereitet.

In dem Band »Bildbuch der Royal Air Force 1939–1945« von John W. R. Taylor und Philip J. R. Moyes heißt es: »Der fast einzige Fehlschlag (des Feindes) bei den fünf Monate dauernden unglaublichen Eroberungen war weiter südlich eingetreten, wo der Versuch, den Erfolg von Pearl Harbor im Flottenstützpunkt Trincomalee zu wiederholen, abgewehrt wurde. Gleichwohl konnte Admiral Nagumo, als er sich Mitte April ostwärts zurückzog, mit Befriedigung verzeichnen, daß seine Trägerflugzeuge nördlich von Ceylon 23 Handelsschiffe und außerdem den Flugzeugträger *Hermes,* die Kreuzer *Dorsetshire* und *Cornwall* sowie den Zerstörer *Vampire* versenkt hatten. Hingegen wußte er nicht, daß sein Erfolg paradoxerweise zu Japans späterer Niederlage beitrug. Er hatte im Kampf gegen Ceylons Hurricanes und Seeflugzeuge vom Typ Fulmar so viele Maschinen verloren, daß drei seiner Träger zur Neuausrüstung nach Japan zurückkehren mußten und daher an der Schlacht im Korallenmeer nicht teilnehmen konnten.«

Das zweite Ereignis, das zu Japans Niederlage beitrug und vielleicht eines der wichtigsten war, trat am 18. April 1942 ein, als 16 mittelschwere Bomber vom Typ B-25 Mitchell unter Führung des legendären »Jimmy« Doolittle einen spektakulären Tiefangriff gegen die japanischen Heimatinseln unternahmen.

Was dann als »Doolittle-Überfall« in die Annalen der USAAF einging, hatte seinen Ursprung im Januar 1942, als Captain Francis Low von der US-Marine Admiral Ernest King einen ihm selbst ziemlich phantastisch vorkommenden Vorschlag machte. Etwas zögernd brachte er vor, ihm erscheine es möglich, einen kleinen Verband von Armeebombern an Bord eines Flugzeugträgers auf Angriffsnähe an das japanische Mutterland heranzubringen. Ein erfolgreicher Angriff würde für die Moral in Amerika viel bedeuten, die damals ihren Tiefpunkt erreicht hatte, und würde zugleich den Japanern einen kräftigen Stoß versetzen.

Low war ein wenig überrascht, daß der Admiral den Vorschlag erwägenswert fand. Er gab Donald Duncan, einem seiner Stabsoffiziere und erfahrenen Piloten, den Befehl, erste Untersuchungen anzustellen und dann zu berichten, ob der Gedanke sich verwirklichen lasse.

Obwohl Duncan Marinepilot war, kannte er sich mit der Leistung der meisten Armeeflugzeuge aus und kam schließlich zu dem Ergebnis, daß der mittelschwere Bomber North American B-25 – der sinnigerweise den Namen von »Billy« Mitchell trug – als einzige Maschine für den Auftrag in Frage käme. Binnen fünf Tagen stellte Duncan einen detaillierten Plan auf, den er Admiral King vorlegte.

King wendete sich dann an »Hap« Arnold, und gemeinsam suchten und erlangten sie Zustimmung und Segen des Präsidenten. Arnold fand den Vorschlag aufregend und war bereit, Duncan die Aufsicht über erste Versuche zu übertragen, ob eine B-25 vom Deck eines Trägers starten könne. Schon nach wenigen Stunden konnte Duncan mitteilen, daß eine von entbehrlicher Ausrüstung befreite und nur leicht beladene B-25 nach 160 m abheben konnte. Bald darauf meldete er einen erfolgreichen Start von dem neuen Flugzeugträger *Hornet*.

Konnte das, was mit einem abgetakelten, wenig beladenen Flugzeug erreicht worden war, auch von einem Flugzeug mit Mannschaft, Bombenlast und übernormalen Treibstoffmengen geschafft werden? Da viele ungewöhnliche Veränderungen nötig waren, um eine vernünftige Erfolgschance zu garantieren, wußte »Hap« Arnold, daß nur ein ungewöhnlicher Mann die Operation koordinieren und leiten könnte. Er brauchte einen erfahrenen Luftfahrttechniker, aber auch einen überdurchschnittlich tüchtigen Piloten. Er entschied sich für Lt.-Col. »Jimmy« Doolittle.

Schneller fast, als man »Doolittle« sagen kann, meldete sich der Träger dieses Namens bei Arnold und war verblüfft, als man ihn einfach fragte, ob die USAAF ein Flugzeug besäße, das mit einer Bombenlast von einer Tonne auf 160 m starten und 3200 km weit zum Einsatz fliegen könne.

Doolittle benötigte nicht viel Zeit, um zu der gleichen Erkenntnis wie Duncan zu kommen; auch ihm war sofort klar, daß Gewichtsverminderung und andere Änderungen nötig wären, um das erforderliche Verhältnis von Ladung und Aktionsradius zu erhalten. Nicht viel länger brauchte er, um sich in Wright Field davon zu überzeugen, daß er eine vollbeladene Mitchell innerhalb von 160 m vom Boden abheben konnte.

Sechzehn B-25 wurden für das Unternehmen abkommandiert, und in den folgenden Wochen ließ Doolittle die Bombenzielgeräte, die unteren Geschütztürme und die Funksprecheinrichtung ausbauen. Der Tankraum aller Maschinen wurde auf 5200 Liter vergrößert; in jede Maschine wurde ein »Zwanzig Cent«-Bombenzielgerät eingebaut, das Lt. Ross Greening, ein Waffenspezialist, extra für dieses Unternehmen konstruiert hatte, und ferner ein Autopilot sowie in der Heckkanzel zwei MG-Attrappen, um Heckangriffen durch feindliche Jäger vorzubeugen.

Die Mannschaften wurden aus der 17. Bombergruppe und der 89. Aufklärungsstaffel zusammengezogen, die beide mit Mitchell-Bombern ausgerüstet waren. Während das Personal lernte, seine Maschinen innerhalb der vorgeschriebenen Strecke zu starten, kümmerte sich Doolittle darum, daß sich jedes Flugzeug in bestmöglichem Zustand befand.

Ursprünglich hatte man beabsichtigt, 15 B-25 auf den Flugzeugträger *Hornet* zu laden, aber Doolittle beschloß, noch ein weiteres Flugzeug mitzunehmen. Wenn der Träger sich dann weit vom Festland entfernt hatte, sollte diese Mitchell starten und nach San Francisco zurückkehren. Da von den Besatzungen noch niemand den Start einer Mitchell von einem Träger erlebt hatte, würde es ihre Zuversicht stärken, wenn sie Zeugen eines erfolgreichen Starts wären.

Ende März war alles bereit, und die 16 Maschinen wurden in San Francisco verladen. Am 1. April, noch nicht drei Monate nach Lows Einfall, lief die *Hornet* aus.

Der damals erst acht Männern bekannte Angriffsplan sah vor, daß die *Hornet,* die äußerlich ein gewöhnlicher Flugzeugträger innerhalb eines alltäglichen Schiffsverbandes war, den Versuch machen sollte, sich bis auf 400 Meilen der japanischen Küste zu nähern.

Von dort aus hätten die B-25 genug Reichweite, um ihre Ziele ausfindig zu machen und danach auf Flugplätze in China zu fliegen, wo sie tanken und sich schließlich in Tschungking treffen sollten.

Je größer die Entfernung von Japan wäre, in der das Geschwader gesichtet oder angegriffen würde, um so größer wäre das Risiko. Sollten sie etwa zufällig schon 1 500 Meilen vor der Küste auf feindliche Schiffs- oder Flugpatrouillen stoßen, so würde das bedeuten, daß sie nur geringe Überlebenschancen hätten. Als Doolittle seine Mannschaften an Bord der *Hornet* einwies, waren alle bereit, das Risiko auf sich zu nehmen.

Als San Francisco 500 Meilen hinter ihnen lag, war der Augenblick für die sechzehnte Mitchell gekommen, ihren Start vorzuführen. Es war typisch für Doolittle, daß er jetzt entschied, die Maschine würde als Teil seiner angreifenden Streitmacht viel wertvoller sein; sein eigener Start sollte als Lehrvorführung und zur Stärkung der Moral dienen.

Immer mehr Seemeilen legten sie zurück, und das Ziel kam immer näher. Um 6.30 Uhr in der Frühe des 18. April kam die Stunde der Wahrheit. Als die *Hornet* noch etwa 800 Meilen (1 280 km) von der japanischen Küste entfernt war, kam ein feindliches Patrouillenschiff in Sicht. Sofort erhielt der Kreuzer *Northampton* Befehl, den Feind anzugreifen und zu vernichten. Wie immer das ausgehen mochte, so war doch ziemlich sicher, daß die japanische Marine über den Standort des amerikanischen Verbandes unterrichtet worden war.

Der Start ließ sich nicht mehr aufschieben. Maschinen und Mannschaften wurden so rasch wie möglich in Bereitschaft versetzt. Quentin Reynolds schildert den dramatischen Augenblick, als fast alles auf »Jimmy« ankam:

»Mit weit geöffneten Klappen, mit Vollgas und donnernden Motoren raste das Flugzeug gegen den Sturm das Deck entlang. Alle anderen Piloten beobachteten den Start. Konnte Doolittle es nicht schaffen, so konnten sie es auch nicht. Gerade als sich die *Hornet* wieder waagerecht stellte, hob Doolittle ab; er hatte noch reichlich dreißig Meter Reserve. Er hängte die Maschine fast senkrecht an die Propeller, fing sie ab und wendete in einem engen Kreis. Er hatte erreicht, daß es unglaublich einfach aussah, und alle Piloten fühlten sich jetzt viel besser. Doolittle vollendete seine Wendung und sah zu, wie Nummer zwei startete. Der Pilot war Travis Hoover. Das Deck der *Hornet* hob sich beim Stampfen unerwartet schnell, so daß Hoovers Maschine bergauf klettern mußte. Sie startete und sackte plötzlich ab. Doolittle, der zuschaute, versuchte sie emporzubeten. Unmittelbar ehe die Räder das Wasser berührten, bekam Hoover die Nase hoch. Brick Holstroms Maschine, Bob Grays Maschine, Davey Jones' Maschine, Dean Hallmarks Maschine, Ted Lawsons Maschine – alle starteten wunderbar. Aber Doolittle hatte jetzt schon Kurs auf Tokio…«

Die Zeit, bis sie die japanische Küste erreichten, verging rasch genug. Die Besatzungen waren vollauf damit beschäftigt, den Abstand zwischen den Wellen des Pazifik und ihren Maschinen so knapp wie möglich zu halten. Über der Küste hielten sie sich fast in Baumhöhe, bis Tokio in Sicht kam. Dann stiegen sie, wie vorgesehen, steil hinauf auf 500 Meter.

Die Japaner wurden überrascht und konnten wenig dagegen tun, so daß alle 16 Flugzeuge ihre Ziele angreifen konnten. Doolittle, Lt. Hoover und eine Kette von Flugzeugen nahmen Kurs auf den Norden Tokios; Captain Jones führte seine Kette über das Zentrum der Stadt, während Captain Edwin Yorks Kette den Süden der Stadt und einen Teil der Bucht von Tokio angriff. Zu Captain Charles Greenings Zielen gehörten Kanegawa, die Schiffswerft von Yokasuka und Yokohama. Die fünfte Kette unter Führung von Major John Helger war für militärische Anlagen in Nagoya, Osaka und Kobe zuständig.

Als sie den Angriff hinter sich hatten, fingen die eigentlichen Probleme erst an. Es war vorgesehen, daß die Chinesen Doolittles Verband mit Funk »heimholen« würden; Leuchtfeuer sollten die vorgesehenen Flugplätze ausweisen. Durch eine Verknüpfung von unglücklichen Zufällen gab es überhaupt keine Wegweisung. Über fremdem Land bei schlechtem Wetter und mit leeren Benzintanks blieb den meisten nichts übrig als mit dem Fallschirm abzuspringen, während andere hart vor der Küste »baden gingen«.

Von denen, die sich ihrem Fallschirm anvertrauten, landeten die meisten im unbesetzten China und kehrten nach vielen Abenteuern schließlich zu ihrer Einheit zurück. Acht wurden jedoch von den Japanern gefangen genommen; von ihnen wurden drei hingerichtet, einer starb an Unterernährung, und die andern vier überlebten eine mehr als dreijährige Gefangenschaft. Die Maschine von Captain York landete in der Nähe von Wladiwostok, und die Besatzung wurde von den Russen interniert.

Was hatte alle diese Mühe nun erbracht?

Als Doolittle das Wrack seiner Maschine am nächsten Tag betrachtete, war er überzeugt, daß das Ganze ein Fehlschlag sei.

Waren die Schäden an Anlagen und Produktionskapazität des Feindes der Maßstab, so hatte er recht. Erst eine ganze Zeit später sollte er erfahren, daß die von 16 sehr tapferen Besatzungen geflogenen Angriffe viel, viel mehr erreicht hatten. Sie waren mit Sicherheit der Grund, daß in Japan vier Jagdgruppen zurückgehalten wurden, deren Einsatz im südlichen Teil des Pazifiks in den entscheidenden Monaten der Jahre 1942 und 1943 überaus wertvoll gewesen wäre. Zudem bemühten sich die Japaner, um eine Wiederholung möglichst zu vermeiden, ihren Verteidigungsbereich noch weiter auszudehnen, und übernahmen sich dabei.

In positiver Hinsicht – und das war überaus wichtig – bewies das Unternehmen dem amerikanischen Volk und seinen Streitkräften, daß die Japaner nicht unbesiegbar waren. Der Himmel schien sich plötzlich etwas aufzuhellen!

Die nächsten beiden der sechs Ereignisse folgten dicht aufeinander.

Obwohl sie nicht eigentlich die USAAF betreffen, sind sie für unsere Geschichte doch von Bedeutung.

Der Rest der 19. Bombergruppe in Clark Field hatte sich zusammen mit noch vorhandenen Flugzeugen anderer Bomber- und Jägereinheiten von den Philippinen südwärts über Java zurückgezogen, um an der Nordküste Australiens Stellung zu beziehen, wo man große Angst vor einer japanischen Invasion hatte. Diese Angst war noch gewachsen, nachdem Rabaul (Bismarck-Archipel) am 22. Januar 1942 von den Japanern besetzt worden war; bald darauf hatte der Feind Port Moresby aus der Luft angegriffen.

Es wurde sofort etwas unternommen, um die australische Verteidigung zu verstärken, was zu jenem Zeitpunkt für die Alliierten eine überaus schwierige Aufgabe war. Zunächst sicherten sich die Amerikaner die Inseln, von denen aus sie die wichtigsten Seewege nach Australien überwachen konnten. Danach wurden so viele Verstärkungen an Männern und Maschinen nach Australien verlegt, daß ein Minimum an Verteidigung gesichert war.

Am 5. Februar 1942 verloren die kümmerlichen Überreste von Einheiten der USAAF, die dort stationiert waren, den Namen Fernöstliche Luftflotte und wurden zur 5. Luftflotte unter dem Oberbefehl von Maj.-Gen. George C. Kenney. In den folgenden zwei Monaten wurde die Fünfte allmählich stärker, und schon nach kurzer Zeit operierten ihre Flugzeuge mit der amerikanischen Flotte zusammen.

Patrouillenflüge über den Weiten des Pazifiks konnten eine eintönige, anstrengende Aufgabe sein. Mannschaften, die schon etwas vom Feind hatten einstecken müssen, begrüßten jedoch freudig die Gelegenheit, zurückschlagen zu können, so anstrengend das auch sein mochte. Dank ihrer Aufklärungstätigkeit wurde der amerikanische Nachrichtendienst bald darauf aufmerksam, daß sich japanische Truppen in Rabaul sammelten und daß ein Unternehmen gen Süden zur Eroberung von Port Moresby unmittelbar bevorstand.

Um dieser Drohung zu begegnen, versammelte Admiral Nimitz in aller Eile im Korallenmeer eine möglichst starke Flottenstreitmacht. Diese bestand am 1. Mai aus den Flugzeugträgern *Lexington* und *Yorktown*, die von fünf Kreuzern unterstützt wurden; drei Tage später wurden sie durch einen weiteren amerikanischen Kreuzer sowie zwei Kreuzer der australischen Marine verstärkt.

Das japanische Geschwader bestand aus den bereits erwähnten Gründen aus nur zwei Flugzeugträgern, der *Zuikaku* und der *Shokaku*, sowie zwei Kreuzern. In den nächsten Tagen wurden beide Verbände in ein grimmiges Versteckspiel verwickelt. Dann bekamen am 7. Mai Aufklärungsflugzeuge von der *Yorktown* Feindberührung mit einem angeblich aus zwei Trägern und vier Kreuzern bestehenden Geschwader. Rear-Admiral Fletcher, der Kommandant der *Yorktown*, glaubte, er habe den feindlichen Kampfverband ausgemacht, doch war es tatsächlich eine schwächere Gruppe, die Invasionstransporter geleitete und auch den leichten Flugzeugträger *Shoho* umfaßte. Fletcher entschloß sich sofort und entsandte alle verfügbaren Flugzeuge zum Angriff. Innerhalb von drei Stunden war die *Shoho* vernichtet; die ihres Geleitschutzes beraubte Invasionsflotte zog sich zurück.

Durch diesen Angriff hatte Fletcher dem Feind seine Position verraten. Am 8. Mai gegen 11 Uhr schlugen die Flugzeuge der beiden Flottenverbände fast gleichzeitig zu. Die *Shokaku* wurde schwer beschädigt, konnte sich aber nach Hause schleppen, während die *Zuikaku* ungeschoren blieb. Auf amerikanischer Seite war die *Yorktown* leicht, die *Lexington* aber schwer beschädigt und in Brand geraten. Dank außerordentlicher Anstrengungen der Besatzung konnte das Feuer erstickt und die ärgsten Schäden geflickt werden, so daß sie Fahrt aufnehmen konnte. Etwa eine Stunde später wurde sie durch eine Explosion im Innern verwüstet; nicht mehr einzudämmende Brände führten dazu, daß sie aufgegeben und von einem amerikanischen Torpedo versenkt wurde.

Im Ergebnis scheint es beiden Seiten ziemlich gleich ergangen zu sein, allenfalls den Japanern etwas besser. Warum sehen dann die Seekriegshistoriker darin ein wichtiges Gefecht im pazifischen See-Luft-Krieg?

Es war ähnlich wie der »Doolittle-Überfall« ein psychologischer Sieg für die Amerikaner: das erste erfolgreiche Flottenunternehmen gegen die Japaner. Die amerikanische Marine hatte festgestellt, daß der Gegner mit den eigenen Waffen zu schlagen war. Außerdem war die Port Moresby bedrohende Invasionsflotte zum Rückzug gezwungen worden. Im übrigen war es die erste Seeschlacht überhaupt, die ausschließlich von Trägerflugzeugen ausgetragen wurde, ohne daß die Schiffe beider Parteien auch nur einen einzigen Schuß gegen ein anderes Schiff abfeuerten. Die Vorstellung von Luftmacht, welche die Armee 1921 mit der Versenkung der »unsinkbaren« *Ostfriesland* vorgeführt hatte, war ebenso wie ihr wichtigster Wortführer »Billy« Mitchell glänzend gerechtfertigt worden.

Die Japaner wollten auf keinen Fall zulassen, daß ihre Feinde die Seeherrschaft im Pazifik erlangten. Die amerikanische Flotte mußte um jeden Preis zum Kampf gezwungen und vernichtet werden.

Admiral Yamamotos Plan sah vor, Midway Island mit seinem Flughafen zu besetzen, von dem aus Pearl Harbor bedroht werden könnte, und gleichzeitig die westlichen Aleuten anzugreifen. Nach einem sorgfältig erarbeiteten Zeitplan hoffte er, die amerikanische Flotte von Midway abzuziehen, damit er die Insel gegen nur geringen Widerstand nehmen könnte. Bis die amerikanische Flotte seine wahre Absicht durchschaute, würde er bereits im Besitz von Midway und darauf vorbereitet sein, jedem Angriff mit überwältigender Übermacht zu begegnen. Da er wußte, daß die Insel für die Amerikaner lebenswichtig war, mußte unweigerlich eine große Seeschlacht folgen. Aufgrund seiner überlegenen Stärke, zumal in schnellen Schlachtschiffen, war Yamamoto sich des Ausgangs sicher.

Admiral Nimitz war jedoch vom Nachrichtendienst gut informiert und sich der Bedeutung von Midway durchaus bewußt. Deshalb bereitete er sich eilends auf die kommende Schlacht vor. Seine Streitmacht war zwar derjenigen des Feindes unterlegen, doch hatte er mindestens einen Trumpf im Hintergrund: Er konnte auf starke Luftunterstützung von Staffeln der 7. Luftflotte auf Midway rechnen.

Am 4. Juni meldeten Aufklärungsflugzeuge der 7. Luftflotte den Standort der japanischen Flugzeugträger. Sofort gingen Torpedobomber von den amerikanischen Trägern *Enterprise, Hornet* und *Yorktown* zum Angriff über. Die Abwehr des Feindes war zu stark, so daß der Angriff erfolglos blieb. Während sich aber die japanischen Jäger auf die Vernichtung der Torpedobomber konzentrierten, konnte ein Verband von 37 Sturzbombern von der *Enterprise* und *Yorktown,* fast ohne auf Widerstand zu stoßen, Admiral Nagumos Flaggschiff, den Flugzeugträger *Akagi,* und dessen Schwesterschiff *Kaga* angreifen. Beinahe gleichzeitig griffen 17 Maschinen von der *Yorktown* den Träger *Soryu* an. Innerhalb weniger Minuten standen alle drei Schiffe vom Bug bis zum Heck in Flammen; auch unter Deck tobten heftige Brände, und es wurde rasch klar, daß ihr Schicksal besiegelt war.

Heftige Vergeltungsschläge der Japaner beschädigten die *Yorktown;* zwar bekam man die Brände an Bord unter Kontrolle, doch wurde sie zwei Tage später wieder angegriffen und schließlich von einem feindlichen U-Boot versenkt. Aber schon lange ehe die *Yorktown* im unbarmherzigen Pazifik verschwand, hatte Yamamotos letzter Träger, die *Hiryu,* ein flammendes, blutiges Ende gefunden, als Männer und Maschinen von der *Enterprise* den Verlust ihres Schwesterschiffes zu rächen suchten. Wenige Stunden später befahl Yamamoto den allgemeinen Rückzug seines Verbandes.

Die Schlacht, die von Historikern durchweg als Wendepunkt im pazifischen Krieg angesehen wird, war zweifellos ein großer Sieg für die amerikanische Luftmacht, wobei Flugzeuge vom Land und von Schiffen aus zusammenarbeiteten. Die Japaner hatten vier Flugzeugträger und einen großen Teil ihrer am besten ausgebildeten Flugzeugbesatzungen verloren. Beide ließen sich nicht ersetzen. Zudem war unübersehbar, daß erstklassige Luftaufklärung entscheidenden Anteil an dem amerikanischen Sieg hatte. Selbst die glühendsten Verteidiger der Seemacht müssen spätestens damals erkannt haben, daß auch die größte Schlachtflotte einem Gegner, der die Luft beherrscht, ausgeliefert ist.

Das fünfte Ereignis reichte in seinen Ursprüngen bis 1934 zurück, als das GHQAF die Entwicklung von Fernbombern plante. Einer von diesen wurde Projekt A genannt, und im Juni 1935 war der Bau eines solchen Flugzeuges mit der Benennung XB-15 in Auftrag gegeben worden. Als dieser Prototyp 1937 erstmals flog, stellte man fest, daß er untermotorisiert war, und legte das Projekt beiseite.

Wir haben gesehen, wie das Air Corps daran gehindert wurde, die Entwicklung von Langstreckenbombern weiterzuverfolgen, aber die Firma Boeing, die den Typ XB-15 (Boeing Modell 294) gebaut hatte, setzte ihre Studien fort und hatte bis 1939 das Modell 341 entwickelt, das bei einer Geschwindigkeit von etwa 650 km/h eine Bombenlast von 1,1 t bis zu 11 200 km weit befördern konnte.

Dann teilte die Luftwaffe 1940 den Herstellern mit, sie benötige eine »Waffe zur Verteidigung der Hemisphäre«. (Selbst als Europa schon im Kriege war, sollten Fernbomber immer noch nur verteidigen!) Diese sollte starke Abwehrwaffen, Panzerschutz, schußfeste Treibstofftanks und eine maximale Bombenlast von 8 t haben; die Reichweite sollte mit einer Tonne Bombenlast bei 650 km/h Geschwindigkeit mehr als 8 000 km betragen.

Boeing machte sich sofort daran, den Entwurf ihres Modells 341 so zu entwickeln, daß er diesen Anforderungen entsprach. Im Wettbewerb mit den Entwürfen dreier anderer Firmen wurde die Boeing-Maschine (Modell 345) für die beste gehalten; am 24. August 1940 wurden zwei Prototypen unter der Bezeichnung XB-29 bestellt. Nach Inspektion eines Modells in Lebensgröße im April 1941 begann der Bau der XB-29, und die erste dieser Maschinen flog am 21. September 1942.

Das Flugzeug, das die letzten Stadien des Krieges im Pazifik beherrschen und in Japan schwere Schäden anrichten sollte, erhob sich also erst knapp drei Jahre vor dem Endsieg in die Lüfte.

Das letzte Glied in der Kette unserer Ereignisse stammte noch aus der Zeit, ehe in Europa der Krieg erklärt wurde. In den Jahren 1934–39 hatten Wissenschaftler folgendes entdeckt: Wenn man bestimmte Atome – zumal die Atome des Urans – mit Neutronen beschießt, entsteht eine neue Art von Atomspaltung. Es erschien möglich, unter gewissen Umständen eine Kettenreaktion auszulösen, die in kürzester Zeit eine ungeheure Energiemenge freisetzen und dadurch eine gewaltige Explosion herbeiführen würde.

Der italienische Physiker Enrico Fermi, der 1938 für seine Versuche über künstliche Radioaktivität durch Neutronenbeschuß den Nobelpreis erhalten hatte, wurde 1939 Professor an der Columbia University. Dort setzte er seine Forschungen fort und konnte bald beweisen, daß die Uranspaltung eine Kettenreaktion auslösen konnte.

Da er wußte, daß deutsche Physiker ähnliche Forschungen betrieben, versuchte Fermi das amerikanische Marineministerium auf mögliche Gefahren hinzuweisen. Da er keinen Erfolg hatte, wendete er sich an seinen Mitarbeiter Leo Szilard, der in der Lage war, an Albert Einstein heranzutreten. Dieser schrieb am 2. August 1939 an Präsident Roose-

68

velt: »Im Laufe der letzten vier Monate ist es – durch die Arbeiten von Joliot in Frankreich wie auch von Fermi und Szilard in Amerika – möglich geworden, daß man in einer großen Menge Uranium eine nukleare Kettenreaktion auslöst, durch die ungeheure Energiemengen und sehr viele radiumähnliche Elemente erzeugt werden. Jetzt ist es beinahe sicher, daß das in nächster Zukunft geschieht. Dieses neue Phänomen würde auch zur Herstellung von Bomben führen, und es ist vorstellbar – wenngleich lange nicht so sicher –, daß demgemäß außerordentlich starke Bomben eines neuen Typs gebaut werden.«

So begann man, die mögliche Anwendung von Atomenergie zur Herstellung einer allmächtigen Bombe zu untersuchen. Auch in Großbritannien war man auf diesem Gebiet tätig, und nach Amerikas Eintritt in den Krieg arbeiteten Wissenschaftler in beiden Ländern gemeinsam an dem Vorhaben.

Fast ein Jahr später erschien der Erfolg so gut wie sicher, als der unter der wissenschaftlichen Leitung von Enrico Fermi in Chicago gebaute Atommeiler am 2. Dezember 1942 erstmals kritisch wurde.

An jenem Tag meldete der Programmkoordinator Arthur H. Compton Fermis Erfolg in einem inzwischen historisch gewordenen Telefongespräch dem Leiter des Vorhabens James B. Conant: »Der italienische Steuermann ist in der Neuen Welt gelandet.« Conant erwiderte: »Wie waren die Eingeborenen?« – »Sehr freundlich.«

Damit waren, was Japan anging, am 2. Dezember 1942 – noch nicht ein Jahr nach Amerikas Eintritt in den Zweiten Weltkrieg – die Würfel für den Endsieg gefallen.

Ehe jedoch der Sieg Tatsache werden konnte, mußte noch fast drei Jahre lang erbittert gekämpft werden. Es waren Kämpfe, bei denen die 5., die 7., die 13. und die 20. Luftflotte eine entscheidend wichtige Rolle spielen sollten. In der Hauptsache war es, wie die 7. Luftflotte es kurz und bündig formulierte, »einfach eine verdammte Insel nach der anderen«. Der fanatische Widerstand der Japaner bedeutete, daß es eine Abkürzung zum Sieg nicht gab. Jede Insel wurde zum Schauplatz einer großen Schlacht; jede Insel, die den Japanern verlorenging, brachte die Amerikaner dem Mutterland etwas näher. Der Verteidigungsbereich schrumpfte im Abnutzungskrieg langsam zusammen – ein Krieg, der dank Amerikas riesiger Produktionskapazität langsam aber unausweichlich den Westen begünstigte.

Die einzige Waffe, die eine Abkürzung ermöglichte, war die Superfestung von Boeing (B-29), die Mitte 1943 in Dienst gestellt wurde. Für Kampfzwecke hatte sie damals aber nur eine Reichweite von gut 2500 km, und die USA besaßen keine Japan nahe genug gelegenen Stützpunkte, um sie einsetzen zu können.

Es gab zwei Alternativen. Entweder stationierte man die B-29 in Indien, wohin sie über China gebracht werden konnten. Damit wären sie

Anfang 1944 einsatzbereit gewesen, doch waren gewaltige Nachschub-probleme ein Nachteil, oder sie operierten von den Marianen aus, die etwa 2400 km südöstlich der japanischen Hauptinsel Honschu lagen. Diese Inseln hielt jedoch der Feind besetzt; wann sie zur Verfügung stehen würden, konnte man nur raten.

Man entschied sich für die erste Möglichkeit, bis die Marianen erobert sein würden. Doch stellte sich bald heraus, daß die Schwierigkeiten viel größer waren, als man angenommen hatte, da sowohl in Indien als auch in China große Luftstützpunkte gebaut werden mußten. Als dann Anfang April 1944 die ersten B-29 in Indien eintrafen und das 20. Bomberkommando bildeten, stellten sie fest, daß der Einsatz gegen den Feind ihre geringste Sorge sein würde.

Chef des 20. Kommandos war glücklicherweise ein Nachschubfachmann, Maj.-Gen. Kenneth B. Wolfe, und dieser Offizier fand für seine Gaben bald ein Betätigungsfeld. Dazu gehörte der Lufttransport der ungeheuren Mengen von Material, Ausrüstung und Vorräten, um die Stützpunkte in China fertigzustellen und für ihre Aufgabe auszurüsten. Als schließlich die B-29 ihre Operationen von den Marianen aus beginnen konnten, hatten sie erheblich viel mehr Transport- als Bombenflüge unternommen. Die Statistik weist aus, daß in den elf Monaten, in denen das 20. Bomberkommando in Indien stationiert war, pro Flugzeug und Monat nur zwei Einsätze geflogen worden sind.

Als endlich im Juli 1944 die 7. und 13. Luftflotte die von den Japanern besetzt gehaltene Karolinen-Insel Truk neutralisiert hatten, taten sich Armee und Flotte zusammen, um Saipan zu erobern. Im August eroberten die Amerikaner dann Guam und Trinian.

Es folgte eine Zeit äußerster Frustration für »Hap« Arnold, der damals die 20. Luftflotte befehligte, der alle B-29 unterstanden. Bis auf den Marianen geeignete Stützpunkte gebaut waren, war seine wachsende Streitmacht von Superfestungen machtlos.

Endlich traf am 12. Oktober 1944 die erste B-29 in Saipan ein; der Pilot war Brig.-Gen. Haywood S. Hansell Jr. Sechzehn Tage später erfolgte als Übung der erste Einsatz von 18 Maschinen gegen die Insel Truk, dem aber wenig Erfolg beschieden war. Übungsflüge dauerten bis zum 24. November, als 111 B-29 den Feldzug gegen das japanische Mutterland einleiteten.

Dieser erste Bombenangriff auf Tokio seit dem »Doolittle-Überfall« zeitigte unbedeutende Ergebnisse; das galt auch für die nachfolgenden Präzisionsbombardements von Industriezielen bei Tageslicht. Zu den enttäuschenden Ergebnissen trugen vor allem die ungewöhnlichen und unberechenbaren Wetterbedingungen bei; Windturbulenzen in großer Höhe machten gezielte Bombenwürfe nahezu unmöglich.

Hinzu kam der wichtige psychologische Faktor, daß es an einem Zwischenstützpunkt fehlte, auf dem beschädigte Maschinen landen konnten. Erst als B-24 Liberators von der 7. Luftflotte Iwo Jima fast drei Wochen bombardiert hatten, konnte das Marinekorps dort am 19. Februar 1945 landen und vier Wochen lang einen erbitterten Kampf um die Säuberung der Insel von feindlichen Truppen führen. Erst dann konnten Pioniere mit dem Bau von Landepisten beginnen, auf denen bei Ende des Krieges fast 2400 Superfestungen mit ihren Besatzungen Zuflucht fanden.

Inzwischen löste Arnold, der ungeduldig auf Erfolge wartete, Hansell durch Maj.-Gen. Curtis E. LeMay ab. Dieser Offizier neigte zu Experimenten und setzte im Februar 1945 einige Erkundungsangriffe gegen Japan an, wobei Brandbomben die Hauptwaffe waren. Nachdem er das Für und Wider in den nächsten Wochen sorgfältig abgewogen hatte, entschloß er sich, die Superfestungen völlig anders einzusetzen: für Tiefflüge bei Nacht. Er begründete das damit, daß auf diese Weise nicht nur mehr Bomben, vor allem Brandbomben, mitgeführt werden konnten, sondern daß die Verluste vermutlich geringer sein würden, weil die japanische Abwehr gegen Nachtangriffe kümmerlich war.

Der erste dieser Angriffe, den 334 B-29 in der Nacht zum 9. März durchführten, bewies die Wirksamkeit dieser Strategie. Über 80000 Japaner wurden getötet, etwa ein Viertel aller Gebäude in Tokio vernichtet, und nicht weniger als 41 qkm im Herzen der Stadt durch Feuer verheert.

Nun gab es kein Zögern mehr. Der Erfolg dieser Operation wurde zum Plan der Brandbombenkampagne, die in nur elf Tagen 83 qkm Gebäude in den Industriegebieten Tokios, Nagoyas, Osakas und Kobes auslöschte. Bis Kriegsende hatten die Superfestungen 145000 t Bomben auf Japan abgeworfen und inmitten der sechs wichtigsten Industriestädte 272 qkm verwüstet. Damit nehmen wir aber das Ende vorweg.

Das Donnern der B-29, das unheimliche Heulen der hinabstürzenden Brennstoffkanister, das Brüllen der Flammen – das alles war nur die Ouvertüre zum letzten Akt.

Am 6. August flog die B-29 *Enola Gay* mit Col. Paul Tibbets Jr. als Pilot über Hiroshima in etwa 10000 m Höhe und warf die erste scharfe Atombombe der Welt auf das Gewimmel in der Stadt unter ihm. Auf mehr als 10 qkm wurden Gebäude durch Luftdruck und Brände zerstört und etwa 80000 Menschen getötet. Rechnet man diejenigen hinzu, die an den Folgen ihrer Verletzungen oder Strahlungsschäden starben, so stieg die Gesamtzahl der Toten auf fast 140000.

Drei Tage später widerfuhr der wegen ihrer Schiffswerften wichtigen Stadt Nagasaki das gleiche Schicksal, als die B-29 *Bock's Car* mit Major Charles W. Sweeney als Pilot eine zweite Plutoniumbombe abwarf. Schäden und Menschenverluste waren geringer als in Hiroshima, was vor allem daran lag, daß die Stadt sich über Berg und Tal erstreckt, was einen gewissen Schutz gewährte.

Am folgenden Tag erkannten Japans Führer, daß weiterer Widerstand sinnlos war, und beschlossen die sofortige Kapitulation. Am 2. September 1945 empfing General MacArthur an Bord des Schlachtschiffes *Missouri* die japanische Delegation zu der formellen Zeremonie der Kapitulation.

Luftmacht hatte einen gewaltigen Sieg errungen. Zum erstenmal in der Geschichte hatte ein Feind kapituliert, ohne daß sein Territorium zu Lande erobert worden war.

1947 bis 1956: Ein dauerhafter Friede

Mit Groll gegen niemand, mit Liebe zu allen, mit Festigkeit im Recht laßt uns danach streben, das Werk zu beenden, an dem wir sind… Alles zu tun, was einen gerechten und dauerhaften Frieden erreichen und erhalten kann – unter uns selber und mit allen Nationen.
Abraham Lincoln, Zweite Antrittsrede,
4. März 1865

Die Nachricht von dem Sieg wurde überall in den Vereinigten Staaten mit großer Freude aufgenommen.

Genau wie 1919 waren die Militärbehörden außerstande, dem zwiefachen Drängen von Öffentlichkeit und Schatzamt auf rasche Demobilmachung zu widerstehen. Am Tag des Sieges über Japan war die USAAF 2253000 Mann stark. Nach reichlich vier Monaten waren es nur noch 888769, und bis Ende Mai 1947 war die mächtige Heeresluftwaffe auf 303000 Mann geschrumpft. Einsatzfähige Kampfeinheiten, von denen es am Tag des Sieges noch 218 gegeben hatte, gab es im Dezember 1946 nur noch zwei. Gewiß besaß die Luftwaffe damals auf dem Papier 52 Kampfgruppen, aber es waren eben nur zwei einsatzbereit.

Während sich die Vereinigten Staaten von September 1945 bis März 1947 überall in der Welt der militärischen Verantwortung entzogen, beließen sie Truppen nur in Deutschland und Japan und auf wenigen strategischen Vorposten. Ihr hastiger Abzug ließ weite Gebiete, die für den Ostblock von unmittelbarer Bedeutung waren, schutzlos. Sie waren reif, besetzt und entwickelt zu werden, und wurden schon bald grob umgepflügt und mit der Saat des Kommunismus eingesät.

Großbritannien, das für die Wiederherstellung des Friedens alles hergegeben hatte, war wirtschaftlich und militärisch nicht in der Lage, seine traditionelle Rolle weiterzuspielen und in Europa und Asien für das Gleichgewicht der Macht zu sorgen.

72

So wurden militärische und politische Führer im Westen 1947 gewahr, daß sie in eine Sackgasse gerieten, der man den Namen »Kalter Krieg« gab. Amerika reagierte darauf mit Hilfeleistung für Länder, die von Aggression bedroht wurden; mit dem Marshall-Plan brachte es dem vom Krieg verwüsteten Europa Wirtschaftshilfe. Das hat viel dazu beigetragen, das Tempo der kommunistischen Expansion zu bremsen, zumal dahinter Amerikas militärische Macht und die abschreckende Wirkung der Atombombe drohten. Da diese Waffe damals nur von der USAAF eingesetzt werden konnte, war diese praktisch der Eckpfeiler der amerikanischen Militärmacht.

Bei der Überlegung, ob die USAAF imstande sei, dieser Rolle gerecht zu werden, kamen Führer wie Arnold und Spaatz zu der Einsicht, daß man wieder am Anfang angelangt und daß – so bitter diese Wahrheit auch sein mochte – die USAAF völlig außerstande war, die ihr zugeschobene Verantwortung wahrzunehmen.

Als Spaatz 1946 Chef der Air Force geworden war, hatte ihn nur das Wissen gestärkt, daß der Generalstab dieser Luftwaffe die Absicht hatte, die Kampfkraft seiner Truppe so rasch wie möglich wiederherzustellen. Er war vorausschauend genug zu erkennen, daß es angesichts der überragenden Bedeutung der Luftwaffe nur eine Frage der Zeit war, bis diese selbständig wurde.

Er begann daher, Vorbereitungen für dieses Ereignis zu treffen, für dessen Verwirklichung drei Generationen von Führern der Luftwaffe gekämpft hatten. Den Anfang machte er mit der Errichtung des Strategischen Luftkommandos, des Taktischen Luftkommandos und des Luftverteidigungskommandos.

Auch andere waren vorausschauend gewesen. Noch während die Völker in den Krieg verstrickt waren, hatten einzelne Kongreßmitglieder Gesetzesanträge eingebracht, die eine selbständige Luftwaffe forderten. 1944 hatte der Chef des gemeinsamen Generalstabes eine Kommission eingesetzt, die drei verschiedene Organisationsformen der Landesverteidigung prüfen sollte: 1. zwei Ressorts, nämlich Kriegs- und Marineministerium; 2. drei Ressorts, nämlich Kriegs-, Marine- und Luftfahrtministerium; 3. nur ein Ressort, ein Verteidigungsministerium.

Nach zehn Monaten gründlichen Studierens und Untersuchens empfahl die Kommission ein einziges Ministerium für die Streitkräfte mit drei koordinierten Abteilungen. Eine weitere Kommission, die vom Marineministerium eingesetzt worden war, billigte zwar die Neuordnung der Streitkräfte in drei Waffengattungen, befürwortete aber nicht ein einziges Verteidigungsministerium.

Nach außen schien man dasselbe zu wollen, aber intern gab es einen erbitterten Streit der Marine gegen die Luftwaffe, wie ihn Trenchard in Großbritannien in den Jahren nach dem Ersten Weltkrieg auszufechten hatte.

Das Hickhack dauerte an, bis das Verlangen des Präsidenten, den Streit beizulegen, dazu führte, daß maßgebliche Männer von Heer und Marine im Januar dem Kongreß einen Plan für die Vereinheitlichung vorlegten. Dieser machte der Marine Zugeständnisse, indem er ihr die Eingliederung von Fliegerverbänden und des Marinekorps zugestand. Schließlich trat der *National Security Act* am 26. Juli 1947 in Kraft. Das Gesetz schuf das zivile Amt eines Luftwaffenministers – den der Präsident ernennt – und errichtete die United States Air Force (USAF). Die von Präsident Truman unmittelbar nach Verabschiedung des *National Security Act* unterzeichnete Verordnung Nr. 9877 regelte die einzelnen Funktionen der USAF.

Es bedurfte nur noch der Zeremonie, um die vor beinahe vierzig Jahren geborene Hoffnung zu erfüllen.

Am 18. September 1947 wurde W. Stuart Symington als erster Luftwaffenminister vereidigt; acht Tage später leistete Gen. Carl Spaatz als ihr erster Stabschef den Eid. Es war ein stolzer Augenblick für diesen Mann, der achtzehn Jahre vorher mit dem Langstreckenflug der *Question Mark* seinen Namen in die Geschichte des Air Corps eingetragen hatte.

Sollte Spaatz Zeit gehabt haben, sich nostalgischen Träumen hinzugeben, so wäre *Question Mark* ein geeignetes Thema gewesen. Wie aber die USAF am besten zu organisieren sei, um ihren weltweiten Verpflichtungen zu genügen, war ein einziges großes Fragezeichen.

Daß es in der Verwaltung keinen Bruch gab, war ein großer Vorteil. Das Hauptquartier der USAF war neu nur dem Namen nach, und Spaatz stellte bald fest, daß er in Symington den richtigen Mann zur rechten Zeit gewonnen hatte. Gemeinsam begannen sie eine starke, dauerhafte Struktur für die Organisation der Air Force zu entwerfen, wobei ihnen die Erfahrung und Mitarbeit von General Hoyt S. Vandenburg, Lt.-Gen. Lauris Norstad und Brigadier-General William F. McKee dazu verhalfen, daß sie rasch positive Ergebnisse erzielten. Mitte 1948 entstand die Gefahr, daß aus dem »Kalten Krieg« ein tatsächlicher Krieg wurde. Am 25. Juni teilte eine Fernschreibmeldung aus dem russischen Sektor Berlins mit: »Die Verkehrsabteilung der sowjetischen Militärverwaltung ist genötigt, den gesamten Passagier- und Frachtverkehr von und nach Berlin morgen früh um 6 Uhr wegen technischer Schwierigkeiten einzustellen...«

Zum Verständnis der Situation muß man daran erinnern, daß Berlin am Ende des Zweiten Weltkrieges praktisch eine von der russischen Zone umgebene Insel geworden war. Großbritannien, Frankreich und die USA besetzten Westberlin, die Russen Ostberlin. Zwar konnten die Russen alle Landwege nach Westberlin sperren, aber glücklicherweise war den Westmächten über drei Luftkorridore der freie Zugang zur Stadt garantiert worden. Daher hatten, als die Russen im Jahre 1948 schon einmal zeitweilig die Landverbindungen gesperrt hatten, amerikanische Flugzeuge elf Tage lang eine begrenzte Luftbrücke für Passagiere und Fracht eingerichtet.

Es war kaum anzuzweifeln, daß die Sowjetunion mit ihrer neuen Taktik die Westmächte zum Abzug aus Berlin zu zwingen hoffte. Sie hatten nicht mit der Entschlossenheit von General Lucius D. Clay, dem amerikanischen Militärgouverneur für Deutschland, und seinen britischen und französischen Kollegen gerechnet; sie beschlossen sofort, die Stadt auf dem Luftwege zu versorgen.

Lt.-Gen. Curtis E. LeMay, damals Befehlshaber der United States Air Forces in Europa (USAFE), wurde gebeten, eine Luftbrücke nach Berlin vorzubereiten. Er reagierte so schnell, daß schon am nächsten Tag Transportflugzeuge vom Typ Douglas C-47 Skytrain, besser bekannt als *Gooney Birds* (Albatrosse), 80 t dringend benötigtes Mehl, Milch und Arzneimittel geliefert hatten. So befriedigend das angesichts der kurzen Zeit war, bedeutete es doch nur einen Tropfen auf einen heißen Stein.

Man schätzte, daß die zwei Millionen Westberliner zusammen mit den Besatzungstruppen täglich mindestens 13 500 t Vorräte benötigen würden, um den normalen Verbrauch zu decken. Um das absolute Existenzminimum zu sichern, müßten in 24 Stunden jeweils 1 500 t eingeflogen werden.

Noch während sein kleiner Verband von C-47 die erste Lieferung transportierte, rief LeMay in aller Eile Hilfe vom Hauptquartier der USAF herbei. Binnen vier Wochen konnte Brig.-Gen. Joseph Smith, der die Operation zunächst befehligte, insgesamt 105 C-47 und 54 C-54 Skymaster einsetzen, die täglich maximal 1 500 t transportieren konnten. Britische Yorks und Dakotas sorgten für zusätzliche 750 t täglich, doch war klar, daß angesichts des nahenden Winters und des wachsenden Bedarfs an Heizmaterial mehr getan werden mußte.

Im Hinblick darauf befahl General Vandenburg am 23. Juli dem Militärischen Lufttransport-Dienst (Military Air Transport Service, MATS), weitere 8 Staffeln der C-54 nach Deutschland zu schicken; diese trafen dann mit je zwei Maschinen pro Woche ein. Als die ersten 18 sich an dem Pendelverkehr nach Berlin beteiligten, stieg die Transportleistung der Luftbrücke am 31. Juli auf 2 000 t an.

Befehlshaber des (vorläufigen) Sonderverbandes Luftbrücke, der am 29. Juli gebildet wurde, war Maj.-Gen. William H. Tunner. Bis September wurden seine C-47 durch fast 300 C-54 ersetzt; dazu kamen einige Douglas C-74 Globemaster und eine kleine Zahl »Fliegende Güterwagen« vom Typ Fairchild C-82. Dank der Verstärkung durch etwa 140 britische Militär- und Zivilflugzeuge und französische Maschinen wurde es möglich, täglich etwa 5 000 t über die Luftbrücke zu befördern.

Eine solche Masse von Flugzeugen in den engen Grenzen der Luftkorridore zu organisieren, war eine gewaltige Aufgabe, die der Kontrolle des Luftverkehrs große Verantwortung aufbürdete. Diese verdankte ihre Leistungsfähigkeit zum großen Teil den Fachleuten, die der technische Dienst von MATS und die zivile Luftfahrtverwaltung zur Verfügung stellten.

Mit zunehmender Tonnage wurde das Gedränge auf den Flughäfen Tempelhof und Gatow so schlimm, daß deutsche Männer und Frauen in Tegel im französischen Sektor einen neuen Flugplatz anlegten; Tag und Nacht planierten sie Trümmer aus zerbombten Berliner Häusern. Am 7. Dezember 1948 wurden ihre Mühen belohnt, als die erste Maschine in Tegel landete.

Das schlimmste Winterwetter, das man seit Jahren in Europa erlebt hatte, ließ die Frachtquoten bedrohlich absinken. Einmal wurde geschätzt, daß nur noch Kohlen für eine Woche in der Stadt seien.

Sobald sich aber das Wetter etwas besserte, stiegen die Frachtmengen zu neuen Höhen empor: 171 000 t im Januar 1949, 152 000 t im Februar, 196 000 t im März und 234 500 t im April. Den Tagesrekord gab es am Ostersonntag, dem 16. April, als in Berlin nicht weniger als 12 940 t ausgeladen wurden.

Angesichts solcher Entschlossenheit überrascht es kaum, daß die Russen für ihre »technischen Schwierigkeiten« eine Lösung fanden und am 12. Mai die Landverbindungen nach Berlin wieder freigaben. Um sicher zu gehen, wurde die Luftbrücke fortgesetzt, bis in der Stadt ausreichende Vorräte vorhanden waren; danach wurde die Luftflotte allmählich abgezogen.

Die Berliner Luftbrücke hatte 51 Menschenleben und 17 Flugzeuge gekostet; außerdem hatten die USAF und die amerikanische Marine zusammen 181,3 Millionen Dollar aufgewendet. In vieler Hinsicht waren die Opfer an Menschenleben und Geld für einen lohnenden Zweck gebracht worden. Dem kommunistischen Block hatten die Westmächte deutlich gezeigt, daß sie bereit waren, den Frieden um jeden Preis zu wahren. Für die Luftstreitkräfte des Westens hatte die Luftbrücke eine erstklassige Gelegenheit geboten, ihre Zusammenarbeit zu üben. Sie hatte zudem eine einzigartige Erprobung des Einsatzes massierter Lufttransporte für zivile mehr noch als für militärische Zwecke ermöglicht.

Während der Luftbrücke war man sich klargeworden, daß eine russische Bedrohung Westeuropas vielleicht nicht immer so leicht in Schranken zu halten wäre. Diese Einsicht beschleunigte das Zustandekommen der Organisation des Nordatlantikpaktes (NATO) im April 1949. Als ein führendes Mitglied der NATO mußten die Vereinigten Staaten einen großen Teil zur Verteidigung Westeuropas beitragen. Das führte dazu, daß starke taktische Verbände der USAF in verschiedenen NATO-Ländern stationiert wurden, vornehmlich in Großbritannien, Frankreich und Deutschland.

Diese Maßnahmen stellten das Kräftegleichgewicht in Europa einigermaßen wieder her, aber schon bald suchten sich die Kommunisten einen neuen Schauplatz für ihre Herausforderung. Diesmal war es Korea, das seit 1919 als Teil des japanischen Reiches gegolten hatte. In Potsdam hatte man sich 1945 geeinigt, daß nach Japans Niederlage die Sowjetunion nördlich und die Amerikaner südlich des 38. Breitengrades die Kapitulation der japanischen Truppen entgegennehmen würden.

Der Westen hatte niemals beabsichtigt, den 38. Breitengrad zu einem »eisernen Vorhang« werden zu lassen, der das Land in einen kommunistischen und einen antikommunistischen Staat aufteilte. Während aber die amerikanischen Truppen im Süden bei der Planung eines friedlichen Wiederaufbaus mithalfen, waren die Sowjetrussen im Norden damit beschäftigt, den Kommunismus durchzusetzen; sie halfen bei der Ausbildung einer koreanischen Armee.

Allgemeine Wahlen in Südkorea führten 1948 zur Gründung der Republik Korea, die mit Ausnahme des Sowjetblocks von allen als rechtmäßige Regierung des ganzen Landes anerkannt wurde. Im Norden schufen »Wahlen« die Koreanische Volksrepublik, die den Segen der Kommunisten erhielt. Nach ihrer Errichtung zogen die sowjetischen Streitkräfte ab und ließen nur eine begrenzte Zahl von Technikern zurück. Im Süden verließen die amerikanischen Truppen ebenfalls das Land und hinterließen nur eine kleine Gruppe von Beratern.

Die Szene war bereitet, und am frühen Morgen des 25. Juni 1950 strömte nordkoreanische Infanterie unter Führung von Panzern sowjetischer Herkunft über die Grenze, um die Republik Korea anzugreifen. Die Westmächte waren schockiert und unvorbereitet, erkannten aber sofort, daß der Sprengsatz eines möglichen dritten Weltkrieges gezündet worden war. Überall in der Welt hielt man angstvoll den Atem an und fragte sich, ob die etwas wackeligen Vereinten Nationen genug Macht besäßen, um diesen Zünder auszutreten, ehe eine Explosion sie alle in einen neuen und noch viel schrecklicheren Krieg hineinzöge.

Präsident Truman jedenfalls zögerte nicht, sondern ergriff sofort entsprechende Maßnahmen. Er befahl der USAF, die Republik zu unterstützen, bis die Vereinten Nationen handeln konnten oder wollten. Die Luftwaffe reagierte schnell: Schon am nächsten Tag konnten sie dem Hafen Inchon, von dem aus in Korea lebende Amerikaner auf dem Seeweg evakuiert wurden, Luftsicherung geben.

Am 27. Juni begannen Frachtflugzeuge der 374. Truppentransport-Gruppe der 5. Luftflotte mit der Evakuierung der restlichen Amerikaner vom Flugplatz Kimpo, während Jagdflugzeuge der 5. Luftflotte vom Typ North American F-82 Doppelmustang, die vom japanischen Itazuke aus operierten, für Luftsicherung sorgten und dabei drei Yak-Jäger abschossen; es waren die ersten Siege der USAF im Koreakrieg.

Die wichtigste Aufgabe war, einen Stützpunkt in einem Gebiet zu errichten, das von den Kommunisten wahrscheinlich nicht überrannt würde; die Wahl fiel auf Pusan an Koreas Südspitze. Hier wurden die North American P-51 Mustangs und die Düsenjäger vom Typ Lockheed F-80C Shooting Star stationiert; sie trugen gemeinsam die Last der ersten Einsätze. Zu ihnen stießen zwei B-29-Bombergruppen des Strategischen Luftkommandos. In den zwei Monaten nach ihrem Eintreffen gelang es ihnen, praktisch alle lohnenden militärischen Ziele in Nordkorea zu zerstören.

Diese ersten Erfolge begannen den Eindruck zu erwecken, daß der Sieg nahe sei, aber am 26. November 1950 nahmen die Ereignisse eine neue, viel ernstere Wendung. Rotchinesische Streitkräfte strömten über die mandschurische Grenze und griffen in den Konflikt ein.

Sofort vervielfältigten sich die Anforderungen an die USAF. Um die Lage zu meistern, wurden in aller Welt Einheiten umgruppiert, Reserven aktiviert und taktische Flugzeuge einer früheren Generation entmottet und wieder in Dienst gestellt.

Zunächst galt es das Problem zu lösen, wie man den Streitkräften der Vereinten Nationen, die in der Minderzahl waren und sich hart bedrängt nach Süden zurückzogen, Luftsicherung gewähren konnte. Dabei hatte die Air Force Erfolg, zu dem auch einige Einheiten der amerikanischen Flotte beitrugen. Als die Chinesen weiter nach Süden vorrückten, wurden ihre Nachschublinien so lang, daß es den Bombern vom Typ B-26 und B-29 möglich wurde, den Nachschub des Feindes so gründlich zu stören, daß das Pendel wieder einmal zugunsten der Vereinten Nationen auszuschlagen schien.

Die Atempause dauerte freilich nicht lange, da Ende 1950 immer mehr in Rußland gebaute MiG-15-Düsenjäger auftauchten. Diese waren den Kampfflugzeugen, welche die USAF ihnen entgegensetzen konnte, mehr als gewachsen. Da die Kommunisten am Tage den Himmel über Korea beherrschten, erwiesen sich die Einsätze von Tagbombern, die so reichen Ertrag gebracht hatten, als viel zu kostspielig. Es wurde nötig, die B-29 bei Nacht einzusetzen, wobei sie von so abgelegenen Stützpunkten wie Guam, Japan und Okinawa aus operierten.

Zu diesem kritischen Zeitpunkt wurde die 4. Abfangjäger-Gruppe, die mit Düsenjägern vom Typ North American F-86 Sabre ausgerüstet waren, einsatzbereit. Diese trafen als Geschenk des Himmels in Korea ein. Zwar waren sie an Leistung den MiG-15 etwas unterlegen, aber die Piloten der USAF waren so geschickt, daß sie sehr bald Anfangserfolge errangen und am 17. Dezember 4 MiG zerstörten. Fast gleichzeitig wurde bei der 27. Geleitjäger-Gruppe der dritte in Korea verwendete Düsenjäger der USAF einsatzbereit. Dies war die Republic F-84D Thunderjet, deren wichtigste Aufgabe es war, die B-29 zu schützen, wenn sie in den feindlichen Luftraum eindrangen.

Als die Kommunisten sich wachsendem Widerstand der USAF ge-

genübersahen, erkannten sie bald, daß ihre eigene Luftunterstützung unzulänglich war. Um sie zu verstärken, benötigten sie vorgeschobene Flugplätze, von denen aus ihre MiG-Jäger operieren könnten. Sie begannen alsbald mit einem großen Programm für den Bau von Flugplätzen, zunächst vier Stützpunkte für Düsenjäger etwa 110 km südlich des Jalu. Amerikanische Flieger beobachteten diese Arbeiten aufmerksam; als sie nahezu abgeschlossen waren, übersäten sogenannte Superfestungen die Landepisten mit Bombenkratern und zerstörten Gebäude und andere Anlagen. Die Chinesen verdoppelten ihre Anstrengungen, um die Flugplätze wiederherzustellen. Abermals behielten amerikanische Aufklärungsflugzeuge die Dinge scharf im Auge und zerstörten sie im richtigen Augenblick. Dieses Katz-und-Maus-Spiel dauerte an, bis der Feind die Sache schließlich resigniert aufgab.

Im Frühjahr 1951 waren die Fließbänder der amerikanischen Flugzeugindustrie wieder in Schwung gekommen und begannen abermals riesige Mengen von Flugzeugen zu liefern, so daß die USAF den Luftraum über Korea beherrschen konnte. Während ihre Armada erbarmungslos auf feindliche Truppenansammlungen einhämmerte, wurde den Kommunisten bald klar, daß es selbst angesichts Chinas gewaltiger Menschenreserven für die Verluste eine Grenze gab, die man beachten mußte, wenn man nicht einen politischen Streit zwischen der Sowjetunion und China riskieren wollte. Deshalb schlug der sowjetische Delegierte bei den Vereinten Nationen am 23. Juni 1951 vor, es sollten Gespräche über einen Waffenstillstand aufgenommen werden.

Leider war der Krieg damit nicht zu Ende, sondern zog sich noch fast zwei weitere Jahre hin. In dieser Zeit war die USAF keineswegs untätig, sondern begann vielmehr mit einem umfangreichen Störprogramm: Sie bombardierte Eisenbahnen, Brücken, Straßen, Rüstungswerke und Vorratslager. Ziele, welche die USAF aus politischen Gründen vorher außer acht gelassen hatte, wurden nun doch angegriffen. So z. B. wurden die Anlagen der Wasserkraftwerke in Nordkorea, die fast die gesamte Elektrizität des Landes erzeugten, durch ein drei Tage währendes Bombardement praktisch ausgelöscht.

Für Angriffe dieser Art erwiesen sich die F-84 Thunderjets als ideal. Als man beschloß, das Bewässerungsnetz der Reisfelder anzugreifen, auf denen das Hauptnahrungsmittel der Koreaner und damit auch der Roten Armee wuchs, wählte man diese Maschinen für den Auftrag aus. Am 13. Mai 1953 griffen 59 F-84 den Tosan-Damm an. Als dieser brach, zerstörten die Fluten Brücken, Eisenbahngleise und Straßen bis zu 150 km nördlich von Pjöngjang. Nach diesem Erfolg kam es zu einer Reihe ähnlicher Angriffe, und es ist höchstwahrscheinlich, daß die weitgehende Vernichtung der Landwirtschaft in Nordkorea dessen Entschluß beschleunigte, am 27. Juli 1953 das Waffenstillstandsabkommen zu unterschreiben.

Abermals hatte Luftmacht den Frieden gewonnen. Die Streitkräfte der Vereinten Nationen und vor allem die Luftwaffe der USA hatten erfolgreich als Feuerwehr eingegriffen und die Flammen des Krieges auf ein relativ kleines Gebiet beschränkt. Sie hatten verhindert, daß der Konflikt sich zu einem neuen Weltkrieg ausweitete. Selbst der Feind – in der Person des nordkoreanischen Delegierten bei den Waffenstillstands-verhandlungen – mußte, wenngleich widerwillig, zugeben, daß die USAF an der Niederlage seiner Streitkräfte großen Anteil gehabt hatte.

Eine Manöverkritik kann auf vielen Gebieten nützlich sein. Im Falle des Koreakrieges besteht kaum ein Zweifel daran, daß der kommunisti-sche Block durch den Rückgang der militärischen Stärke Amerikas und zumal seiner Luftwaffe ermutigt worden war zu glauben, es sei relativ ungefährlich, in Korea zum offenen Kriege zu schreiten.

Die Erkenntnis dieser Tatsache führte in den Vereinigten Staaten abermals zur Aufrüstung. Die USAF wurde ermächtigt, bis 1954 143 Kampfgruppen aufzustellen, was wiederum das Streben nach neuen, besseren Kampfflugzeugen verstärkte. Die »Jahrhundert«-Serie von Düsenjägern, beginnend mit den F-100 Super Sabre, F-101 Voodoo und F-102 Delta Dart, stammt aus jener Zeit. Der Prototyp der B-58 Hust-ler, des ersten Überschall-Düsenbombers, wurde damals in Auftrag ge-geben, und der von den Briten entworfene Düsenbomber Martin B-57 (Canberra) wurde in größerer Zahl in Dienst gestellt.

Verstärkung begann auch von einer ganz anderen Seite zu kommen. In der Schlußphase des Zweiten Weltkrieges hatten wir den Einsatz der ersten strategischen Flugbomben erlebt, der deutschen V-2-Rakete. Die USAF hatte rasch auf die Möglichkeit solcher Waffen reagiert und noch vor Kriegsende mit der Erforschung und Entwicklung von Raketen be-gonnen. Das wurde in der ersten Nachkriegszeit und während der gan-zen fünfziger Jahre fortgesetzt, und die ersten Bemühungen galten dem Entwurf und der Entwicklung von vier Hauptarten dieser Waffe:
1. eine »Luft-Luft-Rakete«, die mit dem Flugzeug ins Ziel gelenkt wur-de (guided aircraft rocket = GAR);
2. eine »Boden-Luft-Rakete« als Langstrecken-Abfangrakete (long-range interceptor missile = IM);
3. eine »Luft-Boden-Rakete«, eine Mittelstrecken-Rakete, die vom Flugzeug gelenkt wurde (guided aircraft missile = GAM);
4. »Boden-Boden-Waffen«, die man taktische Raketen (tactical missiles = TM) zur Unterstützung von Bodentruppen oder strategische Ra-keten (strategic missiles = SM) für den Langstreckeneinsatz nannte.

Die USAF begann mit der Entwicklung von zwei strategischen Lang-streckenraketen bald nach dem Ende des Zweiten Weltkrieges: die SM-62 Snark und die SM-64 Navaho, die man damals unbemannte Bomber nannte. Von ihnen wurde nur die erste – eine Interkontinentalrakete un-terhalb der Schallgeschwindigkeit – einsatzreif; sie diente als eine Art

Interimswaffe in der Zeit, in der das ganze Problem von Raketenangriff und -abwehr diskutiert und entwickelt wurde.

Zu Anfang besaß die Air Force keinen Sprengkopf, der klein oder stark genug war, um den Einsatz dieser Waffen lohnend erscheinen zu lassen. Der Durchbruch kam Anfang 1954, als Fortschritte in der thermonuklearen Physik die Konstruktion einer solchen Waffe praktikabel erscheinen ließen. Das geschah bald nach einem Bericht des Ausschusses für strategische Flugkörper unter Vorsitz von Dr. John von Neumann. Der Ausschuß hatte Material der Nachrichtendienste und sonstige Daten gründlich ausgewertet und war dadurch imstande vorauszusagen, daß Amerika unter den Raketen besitzenden Nationen binnen fünf Jahren einen so niedrigen Rang einnehmen würde, daß das Land ohne eine gewaltige Anstrengung in tödliche Gefahr geraten müßte.

Die Air Force reagierte sofort auf diese Warnung, die noch gewichtiger und dringlicher wurde, als Präsident Eisenhower im September 1955 der Entwicklung interkontinentaler Raketen (intercontinental ballistic missile = ICBM) höchste Priorität verlieh.

Um das erforderliche Programm durchführen zu können, schufen die USA die Westliche Entwicklungsabteilung des Luftforschungs- und -entwicklungskommandos (ARDC) unter Brigadier-General B. A. Schriever; ferner wurde das Raketenzentrum des Luftfahrtmaterialkommandos für Beschaffung, Produktion und Nachschubwesen gegründet. Die ersten Projekte dieser einzigartigen militärischen Organisation waren die SM-65 Atlas ICBM und eine Mittelstreckenrakete (intermediate-range ballistic missile = IRBM), die SM-75 Thor.

Inzwischen war die eigentliche Air Force darangegangen, ihre 143 Einsatzgeschwader aufzustellen und auszurüsten. Insgesamt hatte man sich auf 137 Geschwader geeinigt, darunter 54 für das Strategische Luftkommando (Strategic Air Command, SAC), 34 für das Luftverteidigungskommando (Air Defense Command), 38 für das Taktische Luftkommando (Tactical Air Command) und 11 Truppentransport-Geschwader (Troop Carrier Wings), die alle bis zum Sommer 1957 einsatzbereit sein sollten. Falls die kommunistische Seite gehofft hatte, die Beendigung des Koreakrieges würde zu einer Einschränkung der Luftmacht nach dem Vorbild von 1919 oder 1945 führen, so hatten sie sich getäuscht.

Die Kosten waren natürlich gewaltig, doch gab es keine Alternative. Der Friede beruhte auf Abschreckung, und Abschreckung bedeutete, daß man imstande sein mußte, sofort massive Vergeltung zu üben. Das war die Aufgabe des SAC, das sich 1955 mit Düsenbombern vom Typ B-52 Stratofortress auszurüsten begann. Dieses Flugzeug war nach dem Erfolg der B-47 Stratojet entwickelt worden, dem ersten für irgendeine Luftwaffe in größerer Zahl gebauten Düsenbomber mit Tragflächen in Pfeilstellung. Als die B-52 in größerer Zahl zur Verfügung stand, wurde sie die wichtigste Waffe im Arsenal der USAF. Ihre Bedeutung bestand darin, daß sie mit einer Atombombe jedes beliebige Ziel erreichen konnte.

Das Luftverteidigungskommando der USAF wurde mit dem Kontinentalen Luftverteidigungskommando verschmolzen. Dieses umfaßte Einheiten von Armee, Marine und Luftwaffe unter Einsatzleitung eines Offiziers der Air Force und war für die Verteidigung des nordamerikanischen Kontinents verantwortlich. Damit erlangte Amerika zum erstenmal in seiner Geschichte ein umfassendes Luftverteidigungssystem. Es bestand aus einer koordinierten Mischung aus Frühwarn-Radaranlagen am Boden, fliegenden Frühwarnflugzeugen, fliegenden Abfangpatrouillen sowie konventionelleren Luftabwehr-Einheiten.

Das Taktische Luftkommando, als beweglicher Eingreifverband geschaffen, wurde zur Bewältigung von »Buschfeuer-Kriegen« ausgerüstet und war bald imstande, an jedem Punkt der Welt, wo ein Funke von Aggression in Flammen auszubrechen drohte, mit gewaltiger Stärke einzugreifen. Es war inzwischen auch imstande, mit der TM-61 Martin Matador eine taktische Rakete einzusetzen, die mit konventionellem oder nuklearem Sprengkopf bestückt werden konnte.

Als das Jahr 1956 zu Ende ging, war es daher kaum zweifelhaft, daß die USAF stärker war, als ihre Vorläufer jemals gewesen waren. Auch war ihre abschreckende Wirkung ein erstrangiger Faktor für die Erhaltung eines kostspieligen, wenn auch unsicheren Friedens. Es gab im Westen aber nur wenige Leute, die einwenden konnten, daß sich das nicht lohne, oder die eine bessere und billigere Lösung vorschlagen konnten. Nur die Zeit konnte beweisen, ob das Prinzip der Abschreckung ausreichen würde, um den Wunsch aller Amerikaner, ja aller Menschen allenthalben auf unserer Erde zu erfüllen: das Verlangen nach einem dauerhaften Frieden.

1957 bis 1966: Jeder Preis

Jede Nation, ob sie uns gut oder schlecht gesonnen ist, soll wissen, daß wir jeden Preis zahlen, jede Last schultern, jede Entbehrung ertragen, jeden Freund unterstützen und jedem Feind widerstehen werden, um das Überleben und den Erfolg der Freiheit sicherzustellen.
John F. Kennedy, Antrittsrede 1961

Der Neujahrstag 1957 muß dem Bürger der Vereinigten Staaten als ein recht angenehmer Tag erschienen sein: ein Tag, um innezuhalten und nationale Bilanz zu ziehen. Die Haben-Seite zeigte: Mit der Wirtschaft ging es aufwärts, der hochverehrte »Ike« war als Präsident wiedergewählt worden, die Gefahr und die Unannehmlichkeiten des antikommunistischen Aufstandes in Ungarn und der Beteiligung Englands und Frankreichs an der Suezkrise lagen hinter einem, und Flotte, Armee und Luftwaffe, die in »Friedenszeiten« noch nie so stark gewesen waren, gewährten soviel Sicherheit, daß man sich ernste Sorgen kaum zu machen brauchte.

Ein nachdenklicher Bürger hätte jedoch mit Recht meinen können, daß die Soll-Seite des Hauptbuches ziemlich erschreckend aussah. Das Bild einer blühenden Wirtschaft wurde überschattet von der Schwäche der Landwirtschaft. Eisenhowers Wiederwahl war vornehmlich ein persönlicher Triumph, und es gab nur geringe Sympathien für die Politik der von ihm vertretenen Partei. Bedenkliche Anzeichen von Unruhe in aller Welt warfen die Frage auf, ob die Streitkräfte ausreichend gerüstet waren, um die Erhaltung des Friedens zu erzwingen.

Ein beispiellos tüchtiger Hellseher hätte wohl an der Wahrheit seiner eigenen Voraussagen zweifeln können, hätte er Anfang 1957 genau vorhergesagt, was es kosten würde, in den nächsten zehn Jahren mit den Sowjets Schritt zu halten.

Präsident Kennedys »jeder Preis« von 1961 war im Grunde nichts Neues. Seine Erklärung unterstrich eigentlich nur abermals die amerikanische Haltung, die zwanzig Jahre vorher in Pearl Harbor geboren worden war.

Was war nun aber für die Air Force »jeder Preis«? In puncto Geschwindigkeit führte er zu der Reihe der »X«-Flugzeuge, die den aerodynamischen Wissensschatz der Nation enorm vermehrt hat. Schon 1947 hatte Capt. Charles (»Chuck«) Yeager als erster in der Bell X-1 die Schallgeschwindigkeit übertroffen. 1954 hatte Major Arthur Murray mit der X-1A eine Höhe von mehr als 31000 m erreicht, und für Capt. Milburn G. Apt war, ehe er mit einer X-2 im September 1956 tödlich abstürzte, eine Fluggeschwindigkeit von 3485 km/h gemeldet worden.

1955 kam das Programm der North American X-15 an die Reihe. Im Juli 1962 erreichte Maj. Robert White mit der X-15A eine Höhe von 95000 m und verdiente sich damit die »Schwingen« der Astronauten, weil er mehr als 80 km hoch über dem Erdboden geflogen war. Am 18. November 1966 erreichte Maj. Pete Knight mit der X-15A-2 eine Geschwindigkeit von 6800 km/h.

Den Geschwindigkeitsweltrekord über eine Strecke von 15/25 km in beliebiger Höhe errangen Col. Robert L. Stephens und Lt.-Col. Daniel Andre in dem einzigartigen Versuchsmodell eines YF-12A-Abfangjägers. Diese Piloten überschritten als erste die Geschwindigkeit von 3200 km/h.

In diesem Jahrzehnt wurde auch die Convair B-58 Hustler als erster Überschallbomber der Air Force mit einer Höchstgeschwindigkeit von fast 2250 km/h in Dienst gestellt. Sehr kostspielig war ferner der Bau der beiden Prototypen North American XB-70 Valkyrie als Flugzeug mit Vorderschwanz und Delta-Flügel. Sie sollten den Anforderungen der USAF an einen strategischen Bomber genügen, der imstande wäre, eine Atombombe zum Einsatzziel über etwa 12 000 km und zurück mit dreifacher Schallgeschwindigkeit zu befördern. Ursprünglich sollte sie die Mitte der sechziger Jahre Dienst tuenden B-52 ablösen, fiel dann aber einer Änderung der Planung zum Opfer, so daß nur die beiden Prototypen der XB-70A gebaut worden sind.

Was die Feuerkraft angeht, so begann sich das in den ersten Nachkriegsjahren angelaufene Raketenprogramm in diesem Jahrzehnt auszuzahlen; es lieferte für die Ausrüstung der Maschinen der Air Force völlig neue, tödliche Waffen. Unter ihnen befand sich die McDonnell Douglas »Genie«, ein ungelenktes Geschoß mit Raketenantrieb und einem nuklearen Sprengkopf, der am 19. Juli 1957 zum erstenmal bei einem Probeschießen verwendet wurde.

Ein wichtigerer Flugkörper war die Hughes Falcon, die als erste gelenkte Rakete von der USAF übernommen wurde und in verschiedenen Varianten zur Standardbewaffnung der Allwetter-Abfangjäger der Streitkräfte geworden ist. Außerdem war eine Anzahl von Raketen, die für die Marine entwickelt und von ihr verwendet worden waren, bei der USAF in Dienst gestellt worden.

Um die offensive Schlagkraft der B-52-Geschwader des SAC zu verstärken, wurde die North American Hound Dog-Mittelstreckenrakete entwickelt. Ferner konnten die Stratofestungen auch mehrere »Lockvogel«-Raketen mitführen, die »Wachteln« genannt wurden; dank ihrer Geschwindigkeit und elektronischer Gegenmaßnahmen konnten sie die feindliche Abwehr durcheinanderbringen, indem sie eine fliegende B-52 simulierten.

Vom Erdboden aus konnte die USAF die Boeing Bomarc einsetzen, die erste Langstrecken-Abfangrakete der Welt; sie besaß ein Lenksystem, das in das halbautomatische Luftverteidigungsnetz SAGE (Semi-Automatic Ground Environment) integriert war, das 1957 in Betrieb genommen wurde. Dieses System ermöglichte es, Menschen, Maschinen und Raketen, die mit der Verteidigung Amerikas befaßt sind, so gut wie möglich zu kontrollieren.

Was die auf Raketen beruhende Abschreckung angeht, so brachte dieses Jahrzehnt die Einführung von Mace, eine Mittelstreckenrakete mit konventionellem oder nuklearem Sprengkopf. Sie kam im Rang natürlich nach den ICBM, von denen die Atlas als erste in Dienst gestellt wurde, nachdem am 17. Dezember 1957 ein erstes Probeschießen stattgefunden hatte. Ein knappes Jahr später flog eine voll aufgerüstete Atlas auf genauem Kurs 10 120 km weit. Ihr folgte die Titan, die wie ihre Vorgängerin einen Raketenmotor mit flüssigem Treibstoff besaß.

Als dritte und wichtigste unter den Abschreckungsraketen trat die mit festem Treibstoff betriebene Minuteman ICBM ihren Dienst an. Der Antrieb verlieh dieser Waffe wichtige Vorzüge, weil sie u.a. kleiner, leichter und billiger herzustellen war. Noch weit wichtiger war, daß sie für Einsatz und Wartung weniger Personal benötigte und wenige Sekunden nach dem Einsatzbefehl durch Fernbedienung gestartet werden konnte. Bis Mitte Juni 1965 waren insgesamt 800 dieser Raketen auf unterirdische Basen verteilt und bildeten unter der Einsatzführung der 15. Luftflotte fünf SAC-Raketengeschwader.

1959 kostete das Raketenprogramm der USAF jährlich nahezu 2 Milliarden Dollar; beteiligt waren fast 1500 Verwaltungsoffiziere der Air Force, etwa 14 000 Wissenschaftler und rund 76 000 Arbeiter von zweiundzwanzig Industriezweigen. Es war klar, daß der Aufwand für »jeden Preis« astronomische Zahlen erreichte. Und wie stand es mit dem Weltraumprogramm, in das die USAF eng verwickelt war? Gegen Ende ihres sechsten Jahrzehnts hatte die Air Force den Hauptteil der nationalen Bemühungen um die Raumfahrt geleistet. Etwa 67 Prozent aller Abschußeinrichtungen, die seit Beginn des Weltraumprogramms benutzt wurden, waren Anlagen der USAF, die von Mannschaften der Luftwaffe bedient wurden. Fast 95 Prozent aller Verfolgungs- und Kontrollmaßnahmen nach den Starts wurden von Stützpunkten der USAF in aller Welt ausgeführt.

Die Entwicklung der Raketen hatte die USAF so eng mit der Weltraumfahrt verbunden, weil die Raketen der Luftwaffe die ersten Weltraumstarts ermöglicht hatten. Aber erst am 1. April 1961 wurden die Ballistic Systems Division (Raketen-Abteilung) und die Space Systems Divisions (Weltraum-Abteilung) des neugebildeten Luftwaffensystem-Kommandos (Air Force Systems Command) geschaffen, dessen Einrichtung als der eigentliche Beginn eines militärischen Weltraumprogramms gelten darf – ein Kommando und ein Programm, deren Zustandekommen durch Ereignisse beschleunigt worden war, die vier Jahre zurücklagen.

Nicht die amerikanische Nation allein, sondern die Bürger der westlichen Welt überhaupt hatten sich in den Jahren des sog. Kalten Krieges mit dem Glauben getröstet, der Westen habe auf den Gebieten der Atom- und Raketenforschung einen so gewaltigen Vorsprung, daß die Gefahr eines großen Konfliktes praktisch ausgeschlossen sei.

Dieser illusionäre Trost wurde im August 1957 erschüttert, als die Sowjetunion bekanntgab, sie habe eine Langstreckenrakete (ICBM) in Dienst gestellt. Vollends entschwand dieser Trost zwei Monate später, als die Sowjets am 4. Oktober mit Erfolg ihren Satelliten *Sputnik 1* in eine Kreisbahn um die Erde schossen und damit enthüllten, daß sowjetische Wissenschaftler völlig unerwartet dem Westen den Rang abgelaufen hatten. Ihr technischer Vorsprung wurde am 3. November bestätigt, als *Sputnik 2* in eine Umlaufbahn um die Erde gebracht wurde; seine Nutzlast von etwa einer halben Tonne ließ deutlich erkennen, welche enorme Leistung die Antriebsraketen hatten, die den Sowjets zur Verfügung standen.

Vier Tage später schilderte Präsident Eisenhower – für alle Leute im Westen, die noch an ihrer rosa gefärbten Brille festhielten – die Gefahr, welche die Sputnik-Starts für die sorgfältig ausbalancierten Ost-West-Beziehungen darstellten: »Ihre militärische Bedeutung liegt in der hochentwickelten Technik und der Beherrschung militärischer Technologie, die sie erkennen lassen… Die Sowjets konzentrieren sich weiterhin auf die Entwicklung von Waffen für den Kriegsfall sowie der zugehörigen Industrie. Dies und ihre politische Haltung in allen internationalen Fragen bedeutet für uns eine Warnung, daß die expansive Zielsetzung der Sowjets nicht beendet ist. Ich muß Ihnen mit allem Ernst sagen:… Es ist sehr wohl möglich, daß wir in den nächsten Jahren (an militärischem Potential) in Rückstand geraten könnten, wenn wir uns nicht jetzt bestimmte dringende Erfordernisse klarmachen und sofort darangehen, ihnen zu genügen.«

Den Vereinigten Staaten, deren Raketentechnik unter den westlichen Nationen am weitesten entwickelt war, fiel die Verantwortung zu, die Überlegenheit im Weltraum zu behaupten. Das bedeutete, daß die Air Force dabei unweigerlich eine Hauptrolle spielen mußte.

Da die USAF im Weltraumrennen ein gutes Stück zurücklag, dauerte es ein Jahr, bis sie am 11. Oktober 1958 erstmals ein »Sehr gut« melden konnte. Eine Thor-Able-Rakete trieb die *Pioneer I* 113 000 km weit in Richtung Mond; das bedeutete damals das weiteste Vordringen des Menschen in den Weltraum. Zwei Monate später beförderte eine Atlas B als Träger den ersten Nachrichtensatelliten der Welt in eine Umlaufbahn; von einem Tonband strahlte er Präsident Eisenhowers Weihnachts- und Neujahrsgrüße an die Völker der Welt aus.

Die nächsten zwei Jahre brachten intensive Bemühungen. Amerikanische Wissenschaftler und Ingenieure unternahmen alles Mögliche, um den Vorsprung der Sowjets in der Raumfahrttechnik zu verringern. In dieser Zeit verzeichnete die USAF nicht weniger als 46 Weltraumstarts. Es war ein Kampf gegen entmutigende Fehlschläge. Die Entschlossenheit aller Beteiligten verwandelte aber allmählich Ungewißheit in Zuverlässigkeit, und im Verlauf dieser Arbeit verzeichneten sie einige eindrucksvolle Anfangserfolge. Dazu gehörten der erste Satellit in einer Polarumlaufbahn, die ersten Aufnahmen der Erde aus dem Weltraum und die ersten Erfolge bei der Bergung von Raumkapseln in der Luft und aus dem Ozean.

Am 12. April 1961 erschütterten die Russen aber wiederum die Welt, als Major Juri Gagarin als erster Mensch im Raumschiff *Wostok 1* die Erde umkreiste. Die Sowjets schienen einen gewaltigen, nicht einzuholenden Vorsprung gewonnen zu haben.

Für die USAF folgte jetzt die mühsame, zeitraubende Aufgabe, die Atlas-Rakete auf Personenbeförderung einzurichten; während dieser Arbeit entwickelte sich ein sehr enges Verhältnis zur Weltraumbehörde NASA. Diese Partnerschaft erzielte ihren ersten großen Erfolg am 20. Februar 1962, als eine Atlas-D der Air Force die Mercury-Kapsel *Friendship 7* sicher in eine Erdumlaufbahn brachte. In ihr befand sich Lt.-Col. John H. Glenn als erster Astronaut der USA. Als das Mercury-Programm mit dem Flug der Mercury-Atlas 9 am 15./16. Mai 1963 unter Major LeRoy Gordon Cooper von der USAF beendet wurde, begann Amerika an dem sowjetischen Vorsprung zu nagen.

Es folgte eine Zeit des Abwartens, während Titan II hergerichtet wurde, um als Antrieb für die Gemini-Kapsel mit zwei Mann zu dienen. Die Geduld machte sich bezahlt, denn der Erfolg des Gemini-Programms schloß endgültig die Lücke zwischen West und Ost. Es begann mit dem Flug der Gemini 3 *Molly Brown* am 23. März 1965, als Virgil I. Grissom von der USAF und John W. Young von der Marine die Erde dreimal erfolgreich umkreisten.

Als das Programm abgeschlossen wurde, hatte es zehn erfolgreiche bemannte Raumflüge gegeben, bei denen Astronauten Raumspaziergänge unternommen, sich mit Agena D-Zielen oder andern Gemini-Kapseln getroffen, an Zielkapseln angelegt und mit Hilfe ihrer Treibsätze neue Höhenrekorde im Weltraum aufgestellt hatten.

Fast am Ende des Jahrzehnts endete auch dieses Programm am 11. November 1966, als Gemini 12 einen höchst erfolgreichen, vier Tage dauernden Flug antrat. Dabei stellte der Astronaut Edwin E. Aldrin jr. einen neuen Weltrekord für Tätigkeiten außerhalb der Kapsel auf, da er insgesamt fünfeinhalb Stunden im Weltraum zubrachte.

Das Weltraumunternehmen hatte noch andere Seiten. Mit der Aussicht, bemannte Raumstationen dauernd in eine Umlaufbahn zu bringen, veranlaßte die USAF Untersuchungen, ob es ein Raumschiff geben könne, das im Weltraum kreisen und gleichwohl mehr oder minder konventionell in der Erdatmosphäre fliegen könnte. Das führte zur Entwicklung von Northrop NASA M2-F2 und HL-10 sowie Martin Marietta X-23A und X-24A. Die Erfahrungen, die man mit diesen revolutionären Flugzeugen macht, könnte sehr wohl zur Entwicklung der echten Raumfähre der Zukunft führen.

Was aber bedeutete »jeder Preis« im Hinblick auf die weltweiten Verpflichtungen der USAF?

Die erste Verwicklung des Jahrzehnts gab es 1957, als in Jordanien Regimegegner die Macht zu übernehmen versuchten. Ein Jahr später befürchtete man im Mittleren Osten größere Unruhen nach der Ermordung des irakischen Königs Feisal II. Auf Ersuchen der libanesischen Regierung wurden eiligst Teile der Taktischen Luftflotte der USAF dorthin verlegt, während Transportmaschinen vom Typ C-130 Hercules des Militärischen Lufttransportdienstes (MATS) Infanterie- und Marinesoldaten als Verstärkung nach Beirut beförderten. Einen Monat später hatte sich die Lage soweit beruhigt, daß die amerikanischen Streitkräfte abgezogen werden konnten.

Aus der Tatsache, daß die Welt vorübergehend mit dem Mittleren Osten beschäftigt war, versuchten die Chinesen Nutzen zu ziehen; sie begannen die Inseln Quemoy und Matsu heftig zu beschießen. Es gelang ihnen allerdings nicht, die Air Force zu überraschen, sondern das Taktische Luftkommando entsandte sofort Verbände nach Taiwan, um dieser neuen Bedrohung des Friedens zu begegnen.

Mitte des Jahres 1960 wurde der Kongo in den ersten Monaten seiner Unabhängigkeit zu einem Unruheherd. Damals begann die längste Luftbrücke der Geschichte: Jeder Flug von Europa nach dem Kongo und zurück entsprach 44 Flügen während der Berliner Luftbrücke. Im Laufe von 14 Monaten beförderten die Flugzeuge von MATS 26 000 Mann UN-Truppen und 10 000 t Fracht nach Leopoldville.

Während der Luftbrücke in den Mittleren Osten entstand in Berlin erneut eine ernste Lage, als von östlicher Seite die Grenze zwischen Ost- und Westberlin geschlossen wurde. Um sich auf neue Schachzüge der Sowjets in Europa vorzubereiten, trafen die NATO-Länder sofort militärische Vorkehrungen. Dazu gehörte in den USA die Einberufung zu Einheiten der Air National Guard und der Luftwaffenreserve, und schon wenige Wochen später wurden vier Jagdstaffeln der National Guard mit ihren Hilfsverbänden in Europa stationiert.

Die amerikanische Abschreckung wurde im Herbst des nächsten Jahres auf die Probe gestellt, als am 14. Oktober 1962 Aufklärungsflugzeuge der USAF bestätigten, daß auf Kuba Abschußrampen für Mittelstreckenraketen gebaut wurden. Hier drohten die Sowjets offen vor Amerikas Haustür. Zwei Tage später hatte die militärische Führung die Luftaufnahmen auf ihre Bedeutung geprüft. Präsident Kennedy befahl Marine, Armee und Luftwaffe, bestimmte strategische Positionen zu beziehen, und alle wurden in Alarmzustand versetzt.

Innerhalb weniger Tage mußte die USAF eine riesige Aufgabe bewältigen. Maschinen der Typen B-47 und B-52 des SAC arbeiteten bei Übungsflügen für den Ernstfall mit der Marine zusammen und meldeten Kurs und Standort aller Schiffe im Atlantik. Zugleich begann MATS starke Verbände mit Ausrüstung und Waffen an vorher bestimmte mögliche Gefahrenpunkte zu befördern. Im Air Defense Command und im Tactical Air Command ging es zu wie in einem Bienenhaus. Jäger, Aufklärungs- und Transportflugzeuge begaben sich mit Tausenden von Männern und deren Ausrüstung unverzüglich in die südöstlichen Staaten.

Am 22. Oktober schließlich, als Präsident Kennedy im Rundfunk zur Welt und zumal zu den sowjetischen Führern sprechen und Haltung und Absichten seiner Regierung darlegen wollte, alarmierte das SAC seine Stratofestungen und schickte sie in Schwärmen in die Luft. Soweit sie nicht flogen, standen sie einsatzbereit auf den Flugplätzen; gleichzeitig wurden alle ICBM-Mannschaften in Bereitschaftszustand versetzt.

Als dann der Augenblick für die Rundfunkrede des Präsidenten kam, konnte er aus einer Position der Stärke reden: Die gesamten Streitkräfte der Nation waren einsatzbereit, und schneller, als man diese Sätze lesen kann, konnte die furchterregende Abschreckungsmacht des SAC entfesselt werden:

»...wird eine strikte Blockade eingeführt. Alle für Kuba bestimmten Schiffe, gleichgültig welcher Nationalität sie sind oder aus welchem Hafen sie kommen, werden, falls festgestellt wird, daß sie Angriffswaffen als Fracht führen, abgewiesen werden... Ich habe die Streitkräfte angewiesen, sich auf alle Eventualitäten vorzubereiten; und ich bin überzeugt, daß sowohl im Interesse des kubanischen Volkes wie auch der sowjetischen Techniker auf diesen Stützpunkten die Risiken erkannt werden, die für alle Beteiligten in der Fortsetzung dieser Bedrohung liegen. Es wird die Politik unseres Landes sein, jeden Abschuß einer Atomrakete von Kuba aus gegen irgendeine Nation der westlichen Hemisphäre als einen Angriff der Sowjetunion auf die Vereinigten Staaten anzusehen, der einen umfassenden Vergeltungsschlag gegen die Sowjetunion erfordert...«

Das waren nicht die honigsüßen Worte der Diplomatie; es war eine klare, unzweideutige Absichtserklärung. Menschen in aller Welt warteten auf das Ergebnis. Viele fürchteten, der Präsident habe die Schwelle der Besonnenheit überschritten, so daß auf der einen oder der anderen Seite jemand, der nervös oder schießlustig war, einen nuklearen Krieg auslösen könnte, der das Ende unserer Zivilisation bedeuten würde.

Als Tage vergingen, ohne daß die Sowjetunion sich erklärte, wuchs die Spannung. Dann erfuhr man erleichtert, daß die Kommunisten zurückgesteckt hatten. Die militärischen Anlagen auf Kuba wurden abgebaut und die Raketen in die Sowjetunion zurückverfrachtet. Die Welt begann aufzuatmen.

Wiederum herrschte »Friede« von jener Art, die wir als normal anzusehen gewohnt sind. Was dann geschah, entsprach einem allmählich abgedroschenen Muster. Es gab wieder einmal Unruhe im Fernen Osten.

Um die Lage zu verstehen, muß man den französischen Kolonialbesitz betrachten, der vor dem Krieg Indochina hieß und Kambodscha, Laos sowie die drei Provinzen Annam, Kotschinchina und Tongking umfaßte. Dort hatte sich während des Krieges und der japanischen Besetzung eine starke nationalistische Bewegung entwickelt, deren mächtigste Gruppe der kommunistisch geführte Viet Minh war.

Als der Krieg vorüber war, wollte Frankreich seine Kolonien wiederhaben, sah aber, daß es sich die Rückgabe erkämpfen mußte. Kriegsmüde und völlig außerstande, in der Ferne einen langwierigen Feldzug zu führen, stellte Frankreich, zumal es eine längst veraltete Strategie anwendete, sehr bald fest, daß es die Springflut des Kommunismus nicht meistern konnte. Der Viet Minh war in Mao Tse-tungs Guerilla-Taktik gut geschult worden. So kam es zu einer fortschreitenden Erosion der französischen Streitkräfte, bis ihre Verluste Anfang 1954 fast 90 000 Mann betrugen. Als dann am 7. Mai 1954 16 000 Mann mit ihrer Ausrüstung in Dien Bien Phu kapitulierten, brachte das für die Franzosen den Krug zum Überlaufen.

Zwei Monate später kam in Genf eine Konferenz von 14 Nationen überein, die Kämpfe einzustellen. Die drei französischen Provinzen wurden in die Staaten Nord- und Südvietnam aufgeteilt, der 17. Breitengrad galt als Grenze zwischen beiden. Der Viet Minh sollte den Norden, Frankreich den Süden besetzen, und man hoffte, daß später allgemeine Wahlen das Land wiedervereinigen würden.

Bis Ende 1955 hatte Frankreich alle seine Truppen aus Vietnam abgezogen, doch trug das wenig zur Beruhigung der politischen Lage bei, die von politischen, wirtschaftlichen, sozialen und religiösen Problemen bestimmt wurde. Nimmt man dazu den Bürgerkrieg zwischen Guerilla-Banden, zahllose Privatarmeen, die ihre Zwistigkeiten mit vorgehaltener Pistole austrugen, sowie Tausende von Heimatvertriebenen, die vor irgend jemand Zuflucht suchten, so wurde den Westmächten klar, daß die Kommunisten nicht zögern würden, diese Lage für sich auszunutzen.

Nur die Vereinigten Staaten waren bereit und in der Lage, sich dem zu widersetzen. So begannen sie, der Republik Vietnam Militärberater und Kriegsmaterial zu schicken. Dadurch wurde die Lage in Südvietnam etwas stabilisiert, doch dauerte es nicht lange, bis kleine Gruppen des Viet Minh den Guerillakrieg anheizten. Amerika antwortete darauf mit einer Neuordnung der südvietnamesischen Armee, die elastischer und mobiler wurde, um mit solchen Aktionen fertig werden zu können.

Als aber im Dezember 1960 die Nationale Befreiungsfront Südvietnams (Vietkong) gebildet wurde, nahmen die Ereignisse einen ernsteren Charakter an. Das vornehmste Ziel dieser Organisation war es, ausländische Einmischung in die inneren Angelegenheiten auszuschalten.

Präsident Lyndon B. Johnson beschloß erst Anfang 1965, den militärischen Druck auf den Vietkong zu verstärken; den Anfang machten im Februar Flugzeuge der Marine und der Luftwaffe mit Angriffen auf Ziele im Norden. Im März trafen amerikanische Truppen in großer Zahl in Südvietnam ein und begannen sofort, der hart bedrängten südvietnamesischen Armee beizustehen. Ende 1965 hatten Marine, Heer und Luftwaffe zusammen etwa 184 000 Mann in Vietnam stehen; ein Jahr später waren es fast doppelt so viele.

90

Es war unvermeidlich, daß die USAF eine gewaltige Aufgabe übernehmen mußte. Die teuren Lehren in Korea und bei andern militärischen Zwischenfällen erwiesen sich jetzt als nützlich, als sich die Air Force darauf vorbereitete, wie sie es sah, drei verschiedene Kriege auszutragen.

Der erste dieser Kriege beschränkte sich im wesentlichen auf das Mekongdelta, wo zu Lande südvietnamesische Truppen kämpften. Die Kampftätigkeit beherrschten hier die vorgeschobenen Luftbeobachter (Forward Air Controller = FAC) in ihren kleinen Maschinen vom Typ Cessna 0-1 Bird Dog. Je nach Art des Zieles konnten die FAC eine große Vielfalt von Waffen und Flugzeugen herbeirufen: schnelle, hart zuschlagende F-100, die Napalm, Phosphorbomben, Bündel von Brandbomben, Sprengbomben und Raketen mitführten, sowie Sidewinder-, Sparrow- und Bullpup-Raketen. Sie konnten auch bewaffnete Hubschrauber alarmieren. Die Bird Dogs trugen Raucketen unter ihren Tragflächen, welche die FAC dazu benutzten, Flugzeugen der Marine oder Luftwaffe anzuzeigen, wo ein Angriff einsetzen sollte; wurde das Ziel verfehlt, so gaben sie Korrekturen.

Eine weitere neue Methode bei einer neuen Art von Kriegführung war der Einsatz zweimotoriger Transportflugzeuge vom Typ Fairchild Hiller C-123 als landwirtschaftliche Zerstäubermaschinen. In diesem Fall waren ihre Behälter freilich nicht mit wachstumsförderndem Dünger gefüllt, sondern sie führten Chemikalien mit, um die Wälder zu entlauben, die den Guerillas Schutz boten. Im Delta war das eine besonders riskante Aufgabe, weil der Feind das Herannahen der C-123 über der flachen Küstenebene meilenweit beobachten und ihnen einen entsprechenden Empfang bereiten konnte.

In diesem Gebiet wie überall sonst bewiesen die Hubschrauber ihren Wert für eine Fülle von Aufgaben: sie transportierten Truppen mit Ausrüstung und Vorräten, evakuierten Verwundete, retteten notgelandete Besatzungen – und nicht selten auch deren Maschinen.

Eine andere Besonderheit dieser Art von Kriegführung, die zudem recht gute Erfolge zeitigte, verlangte den Einsatz besonders ausgerüsteter Flugzeuge für psychologische Einwirkung. Ihre Aufgabe bestand darin, über Gebieten zu fliegen, wo der Vietkong bekanntermaßen aktiv war; dort wurden Flugblätter und Aufrufe verbreitet, welche die Empfänger aufforderten, ihre Waffen wegzuwerfen und die Gelegenheit einer Amnestie zur Normalisierung ihrer Verhältnisse zu nutzen.

Der Schauplatz des zweiten Krieges lag nördlich von Saigon; dort sprach man vom amerikanischen Krieg. Hier wie im südlichen Deltagebiet spielten FAC in der Luft und auf dem Boden eine entscheidende Rolle. Sie holten im richtigen Augenblick Einsatzkräfte von Flotte, Luftwaffe und Marinekorps dorthin, wo sie am dringendsten benötigt wurden. Vor allem in diesem Gebiet haben auch die McDonnell F-4

Phantoms der 480. Taktischen Jagdstaffel der Air Force es mit den MiG-21 aufgenommen und sie meistens geschlagen.

Nirgends ist die Arbeit von Aufklärungsflugzeugen wertvoller gewesen als in Vietnam. Das 13. Aufklärungsgeschwader mit Standort in Tan Son Nhut im Deltagebiet verfügte über RB-57 Canberras, RB-66 Destroyers, RF 101 Voodoos und RF-4C Phantoms, um dieser anspruchsvollen Aufgabe bei Tag und Nacht zu genügen. Die RB-57 war natürlich ebenfalls altgedient, hatte sich aber als ideal für die Überwachung weiter Gebiete aus sehr großer Höhe erwiesen.

Der dritte Krieg – die Amerikaner nannten ihn Außer-Landes-Krieg – galt dem Problem von Nachschub und Verstärkungen. Im Zweiten Weltkrieg hatte die USAF gelernt, wie wichtig Abriegelung im Hinterland ist; sie stellte bald fest, daß Vietnam keine Ausnahme von dieser Regel war. Wiederum erwiesen sich Brücken als die aufwendigsten und schwierigsten Ziele. Da sie für den Feind lebenswichtig waren, verwendete dieser viel Erfindungsgabe darauf, ihre Zerstörung durch die Air Force zu verhindern. Eine kluge Idee war, beschädigte Brücken so zu reparieren, daß die Fahrbahn unmittelbar unter der Oberfläche des schnellfließenden trüben Wassers lag und aus der Luft nur sehr schwer auszumachen war. Um die USAF überhaupt von Angriffen abzuhalten, wurden die Brücken durch Steilfeuer verteidigt, das einen wahren Hagel bildete und aus Flak, 20-mm-Kanonen, Mörsern und Handfeuerwaffen kam; darüber hinaus wurden die Raketen SA-2 Guidelines eingesetzt. Da diese Raketen dazu bestimmt waren, Ziele oberhalb 500 m zu treffen, bereiteten sie nicht allzuviel Mühe, weil man unter ihrer effektiven Höhe bleiben konnte. Das war aber ein Bereich für konventionellere Waffen, so daß Waffen, die man für veraltet hätte halten können, viel Schaden und Zerstörung anrichteten.

Die wichtigsten Flugzeuge der USAF auf diesem Schauplatz waren die F-105 Thunderchief und die Marine F-4C Phantom. Beide waren weit von ihren Zielen stationiert – die Thunderchiefs in Thailand, die Phantoms in Danang –, so daß Tanken während des Fluges bei den meisten Operationen zur Routine wurde. Es war üblich, daß Düsentanker vom Typ KC-135 die Jäger vor und nach dem Angriff »fütterten«. Sehr viel Flugbenzin benötigte auch die B-52 aus Guam. Wenn sie 50 Bomben zu je 375 kg fast 4000 km geschleppt hatte, brauchte sie eine entsprechende Auffüllung aus den Tankern, um genügend Reichweite für die sichere Heimkehr auf ihre Insel zu haben.

Ende 1956 hätten wohl die meisten Menschen im Westen, wenn auch nicht unbedingt in Amerika, zugestimmt, daß »jeder Preis« nicht zu hoch gewesen war, um die Ausweitung dieses Krieges im Fernen Osten zu verhindern, gestattete er doch der übrigen Welt ein vergleichsweise friedliches Leben. In Amerika aber begann man zum erstenmal zu fragen, ob »jeder Preis« der Nation nicht eine zu hohe Rechnung bescherte.

Seit 1967: Verschleierte Zukunft

*Hebe den Schleier von der Zukunft und zeige uns das Geschlecht, das
da kommt... Gewähre uns einen Blick auf die fernen Jahre, wie sie sein
mögen, falls die Söhne Gottes sie erlösen werden, auf daß wir Mut fassen
und für Deine und unsere Kinder kämpfen mögen.*

Walter Rauschenbusch,
Gebete sozialen Erwachens, 1910

Die USAF stellte sich im Jahre 1967 ihre künftige Aufgabe so vor, daß
sie mit massiver konventioneller Feuerkraft an jedem Gefahrenpunkt
der Erde sofort eingesetzt werden könnte. Sie würde eine Art »Feuerwehr« sein, die kleine Kriege im Keim erstickte. Zu diesem Zweck stellte das Militärische Lufttransportkommando (MATS) vierzehn Staffeln
aus Lockheed C-141 Star Lifters in Dienst und beabsichtigte, sechs Staffeln der riesigen Lockheed-C-5A-Galaxy-Transporter einsatzbereit zu
haben.

Ein praktisches Beispiel dafür, was eine solche Streitmacht ausrichten
kann, gab es 1967, als zwei Brigaden der 101. Luftlandedivision mit
10000 Mann und 5300 t Ausrüstung über eine Luftbrücke von Ken-
tucky nach Vietnam gebracht wurden. Hätte die Zeit gedrängt, so hätte
man für die ganze Operation noch nicht eine Woche benötigt.

Um die Air Force noch weiter auszubauen, damit sie gegen Aufstände
energisch einschreiten konnte, wurden neue Aufstandsbekämpfungs-
flugzeuge (counter-insurgency = COIN) und weitere FAC-Flugzeuge
in Dienst gestellt. Ein bemannter Höhenabfangjäger von morgen ließe
sich wohl aus einer Maschine wie der YF-12A entwickeln. Ein Jäger, der
die Luftüberlegenheit der USAF in niedrigen und mittleren Höhen garantieren sollte, wurde in der F-15 gefunden.

Eine erheblich verbesserte Mobilität im frontnahen Raum würde ein
Jäger gewährleisten, der senkrecht starten und landen kann (VTOL). Er
könnte ohne vorbereitete Landepisten operieren und daher nahe der
Front stationiert werden, wo er den größten Nutzen brächte. Ein solches
Flugzeug gibt es bereits in Gestalt des britischen Hawker Siddeley Har-
rier.

In den letzten Jahren scheint man zu der Ansicht gelangt zu sein, der
sog. Kalte Krieg sei etwas abgeflaut, weshalb es möglich sein sollte, weniger Gewicht auf nukleare Abschreckung zu legen. Die Führer der
USAF sind nicht dieser Ansicht. Sie erklären, die wachsende nukleare
Stärke der Sowjetunion und das wachsende nukleare Potential Chinas
erzwinge die Erhaltung eines nuklearen Übergewichts im Rahmen des
Möglichen.

Ein wichtiger Teil dieser Abschreckung beruht immer noch auf den

B-52 des SAC. Ihr Potential ist im Laufe der Zeit verstärkt worden; es sind nämlich nicht nur verbesserte Modelle der Stratofestungen in Dienst gestellt worden, sondern die Entwicklung von Waffen und Abwehrmaßnahmen, die dieses Flugzeug einzusetzen vermag, bedeutet, daß es weiterhin eine wichtige Rolle in Amerikas Strategie spielen kann. Der andere wesentliche Bestandteil von SAC-Abschreckung, die Minuteman ICBM, hat an Bedeutung gewonnen, seit sie in größerer Zahl einsatzbereit ist.

Bei Erwähnung der Raketen des SAC erinnern wir uns der ersten ICBM, der Atlas, die Ende 1965 als strategische Rakete ausgeschieden war. Trotzdem stand ihr als Startrakete noch ein nützliches Dasein bevor. Es waren die Atlas-Agena-Raketen der Air Force, welche die Lunar-Orbiter-Raumsonden auf ihre Reise zum Mond beförderten. Sie waren so ausgerüstet, daß sie die Oberfläche des Mondes fotografieren und die Bilder zur Erde übertragen konnten. In einem sehr erfolgreichen Programm, das im August 1967 abgeschlossen wurde, sind fast 100 Prozent der Mondoberfläche fotografiert worden.

Gleichzeitig starteten Atlas-Centaur-Raketen die Surveyor-Raumsonden zur Erprobung weicher Mondlandungen. Ihre Aufgabe war es, mögliche Landeplätze für künftige Astronauten ausfindig zu machen; zu ermitteln, ob sich die Umwelt dem Menschen feindlich oder freundlich erweisen würde, und sicherzustellen, daß die Oberfläche des Mondes das Gewicht eines Raumschiffes aushielte. Obwohl Surveyor 2 und 4 auf den Mond abstürzten, taten die übrigen weitgehend, was sie tun sollten, lieferten die von ihnen verlangten Daten und dienten zudem für eine Reihe von anderen wissenschaftlichen Experimenten.

So war also die Bühne bereit für die erste große Reise des Menschen in den Weltraum. Am 9. November 1967, noch ehe die letzte Surveyor-Sonde ihre Entdeckungsreise angetreten hatte, brachte die gigantische dreistufige Saturn-Trägerrakete, 118 m hoch und beim Start über 2 723 t schwer, das unbemannte Raumschiff Apollo 4 in eine Umlaufbahn um die Erde.

Infolge eines tragischen Unglücks am 27. Januar 1967, als bei Bodentests im Raumschiff 012 die Astronauten Roger Chaffee, Virgil Grissom und Edward White ihr Leben einbüßten, verzögerte sich der bemannte Apollo-Flug beträchtlich.

Apollo 10, die am 18. Mai 1969 gestartet wurde, war die Generalprobe für eine Landung auf dem Mond. Die Welt sah voller Spannung, wie die Mondfähre *Snoopy* sich dem Ziel bis auf 15 km näherte.

Endlich erhob sich am Mittwoch, dem 16. Juli 1969, Apollo 11 von der Startrampe in Kap Kennedy mit dem Mond als Ziel. An Bord waren Neil Armstrong als Kommandant, Edward Aldrin als Pilot der Mondfähre und Michael Collins als Pilot der Kommandokapsel.

Am Sonntag, dem 21. Juli, um 22.06 wurde die Mondfähre *Eagle* mit

Armstrong und Aldrin an Bord rund 16 000 m über der Mondoberfläche ausgesetzt. Eine Fernsehkamera an Bord der *Eagle* gestattete es der Welt, den Astronauten über die Schulter zu schauen, während ihr gebrechlich wirkendes Fahrzeug der einsamen Landschaft unter ihnen entgegenstrebte.

Zwölf Minuten später setzte die *Eagle* in einer Wolke von Mondstaub auf dem Trabanten auf, und die atemlosen Zuschauer hörten die Worte: »Kontakt-Lampen. O. K. Maschine halt. Hier Tranquility Base. Die *Eagle* ist gelandet.«

Damit hatte am 21. Juli 1969 um 22 Uhr 17 Minuten und 42 Sekunden der Mensch scheinbar unmögliche technische Schwierigkeiten überwunden und war auf dem rund 384 000 km entfernten Mond sicher gelandet. Einer der beiden gelandeten Astronauten war ein Offizier der USAF: Col. Edwin »Buzz« Aldrin.

Es war für die Welt ein historisches Ereignis und für die USAF ein stolzer Augenblick. Innerhalb von knapp sechzig Jahren, die seit den Alleinflügen der Lt. Lahm und Humphreys in Flugzeug Nr. 1 des Signal Corps vergangen waren, hatte Amerikas Luftwaffe weit in den Weltraum hinausgelangt.

Was immer die heute noch verschleierte Zukunft bringen mag, so bestehen kaum Zweifel daran, daß Amerikas Luftwaffe versuchen wird, mit den Ereignissen Schritt zu halten. Man sollte aber nicht vergessen, daß am Ende des Ersten Weltkrieges der 200 000 Mann starke Air Service rasch auf 10 000 Mann zusammenschmolz, die mit veralteten Flugzeugen wenig ausrichten konnten. Die mächtige USAAF, die zusammen mit ihren Verbündeten während des Zweiten Weltkrieges der Welt gezeigt hatte, was Luftmacht vermag, schrumpfte rasch zu einem Schatten ihrer selbst zusammen, nachdem Japan geschlagen war. Hoffen wir, daß die Geschichte sich nicht abermals wiederholt, und daß die USAF, die gegen eine feindliche Expansion soviel getan hat und immer noch tut, nicht aus zeitgebundenen wirtschaftlichen Erwägungen zur Ohnmacht verurteilt wird.

Anmerkungen

1. Maße und Gewichte wurden aus den in den USA gebräuchlichen Einheiten umgerechnet.

2. Erklärungen zu häufig benutzten Abkürzungen:

ACTC	Air Corps Training Center
AEF	American Expeditionary Force
FAC	Forward Air Controller
GHQAF	General Headquarters Air Force
ICBM	Intercontinental Ballistic Missile
IRBM	Intermediate-range Ballistic Missile
MATS	Military Air Transport Service
NACA	National Advisory Commitee for Aeronautics
RAF	Royal Air Force
SAC	Strategic Air Command
SM	Strategic Missile
TAC	Tactical Air Command
TM	Tactical Missile
USAAC	United States Army Air Corps
USAAF	United States Army Air Force
USAF	United States Air Force
USAFE	United States Air Forces in Europe

3. Erklärungen zu den im Text verwendeten Abkürzungen für Dienstgrade innerhalb der US Air Force (in alphabetischer Reihenfolge):

Brig.-Gen.	Brigadier-General
Capt.	Captain
Col.	Colonel
Gen.	General
Lt.	Lieutenant
Lt.-Col.	Lieutenant-Colonel
Lt.-Gen.	Lieutenant-General
Maj.	Major
Maj.-Gen.	Major-General

Oben   Als erster Mensch in den USA stieg Jean-Pierre Blanchard aus Philadelphia 1793 mit einem Ballon auf. Militärballons gab es jedoch erst im amerikanischen Bürgerkrieg. Hier füllen Soldaten von der Union Army während der Schlacht von Fair Oaks den Ballon *Intrepid*.
Unten   Am 17. Dezember 1903 wurde der Motorflug Wirklichkeit: Die *Flyer* der Brüder Wright erhob sich erstmals vom Boden und legte eine Strecke von 40 m zurück.

Die Ballonabteilung der Heeresnachrichtentruppe (US Army's Signal Corps) entstand 1892; ihr einziger Ballon ging im spanisch-amerikanischen Krieg während der Schlacht von San Juan Hill verloren. Erst als am 1. August 1907 die Aeronautische Abteilung gebildet wurde, nahm man die Ballonfliegerei wieder auf. Hier bereitet das Signal Corps im Frühsommer 1908 in Fort Meyer, Virginia, einen Ballon für den Flug vor.

Fesselballons hatten für die Aufklärung nur begrenzten Wert; Freiballons waren jeder
Laune des Windes ausgeliefert. Ein motorisierter Ballon – oder ein Luftschiff – bot
anscheinend die beste Lösung des Problems. So erhielt das Signal Corps im Sommer
1908 ein lenkbares Luftschiff, das hier über Fort Meyer fliegt.

Orville Wright führte im August des Jahres 1908 in Fort Meyer die Wright Type A vor.
Dies ist die Maschine, mit der Lt. Thomas E. Selfridge am 17. September 1908 tödlich
verunglückte.

Oben Am 4. Juli 1908 hatte Glenn H. Curtiss bereits den ersten Flug mit seiner *June Bug* unternommen, einem praktischer aussehenden Flugzeug als die *Flyer* Wrights. Die Curtiss Modell D wurde das zweite offizielle Flugzeug der Armee.

Unten »Flugzeug Nr. 1, Abteilung Schwerer-als-Luft der US Luftflotte« nannte der *Evening Star* in Washington diese Wright Type B, die das Signal Corps am 2. August 1909 abnahm. Man beachte die Räder für »die Führung« am Boden.

Oben In Fort McKinley auf den Philippinen wurde im Februar 1912 eine Luftfahrt-abteilung mit Lt. Frank Lahm (Dritter von rechts vor einer Wright Type C) als Kommandeur gebildet.
Unten Lt. Herbert A. Dargue neben seiner beschädigten Curtiss JN-3 in Chihuahua City, Mexiko, 1916. Diese Strafexpedition nach Mexiko war der erste »kriegsmäßige« Auftrag des Signal Corps.

Nach dem Eintritt der USA in den Ersten Weltkrieg wurden Ballons besonders für
Beobachtungszwecke wieder wichtig. Dieser Drachenballon ist typisch für die Ballons,
die 1917 an der mexikanischen Grenze verwendet wurden.

Oben Die Piloten des US Air Service wurden hauptsächlich in Europa ausgebildet. Hier sieht man Amerikaner bei der Ausbildung in einer französischen Fliegerschule 1918 in Tours. Die ziemlich klapprigen französischen Morane-Schulflugzeuge ähnelten kaum den Kampfflugzeugen, mit denen an der Front geflogen würde.
Unten Ein in Frankreich gebauter einsitziger Spad-Jäger der 94. Jagdstaffel.

Oben   Die britische de Havilland 4 war einer von mehreren britischen und französischen Entwürfen, deren Bau in Amerika erwogen wurde. Als einzige wurde die DH-4 in größerer Zahl gebaut und hieß, nachdem Einzelheiten verändert worden waren, Liberty-Flugzeug. General Foulois am 28. Juli 1918 in Colombey-les-Belles vor einer solchen Maschine.

Unten   Das am meisten gebaute amerikanische Flugzeug des Ersten Weltkrieges war die Curtiss Jenny; der Name stammt von der amtlichen Bezeichnung JN. Die Armee erprobte ihre erste JN 1914, die letzte wurde 1927 außer Dienst gestellt. Überzählige Jennys aus der Kriegszeit wurden später an eine ganze Generation von Kunst- und Privatfliegern geliefert.

Oben Im Fühjahr 1918 entwickelte Curtiss einen zweisitzigen Jäger mit einem Kukham K-12-Motor von 400 PS. Es gab ihn als Doppeldecker (Modell 18-B Hornet) und als Dreidecker (Modell 18-T Wasp). Die hier abgebildete 18-T hielt eine Zeitlang mit 260 km/h den Geschwindigkeitsweltrekord.

Unten Trotz unbefriedigender Ausrüstung ließen die Männer vom Air Service es an Beweisen ihres Pioniergeistes nicht fehlen. Eine von zwei Liberty-Motoren von 420 PS getriebene Martin MB-2 startete im November 1919 mit zwei Piloten und zwei Mechanikern zu einem Rundflug um die USA.

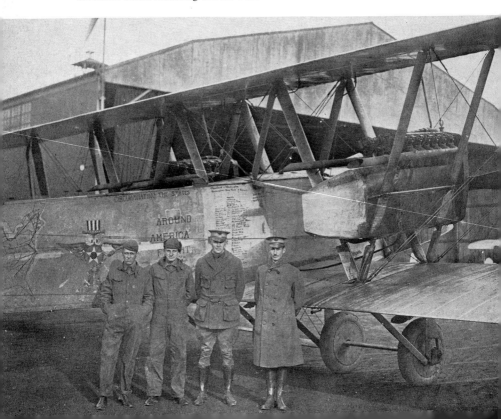

Oben   Die MB-2 während ihres Rundfluges. Sie scheint eine eingedrückte Nase zu
haben. Gleichwohl beendeten Maschine und Mannschaft den 15 717 km langen Flug
erfolgreich.
Unten   Eine Packard LePere LUSAC-11 mit einem 400-PS-Liberty-Motor über
McCook Field. Major Rudolph W. Schroeder und Lt. G. E. Elfrey benutzten dieses
Flugzeug am 4. Oktober 1919 bei ihrem Höhenweltrekord von 10 607 m. Etwas über
vier Monate später erzielte Major Schroeder am 27. Februar 1920 im Alleinflug den
Höhenrekord von 11 038 m.

Oben Eine Martin NBS-1 (Kurzstrecken-Nachtbomber) 1920 beim Start. Dies war die einzige speziell als Nachtbomber konstruierte Maschine der Armee.

Unten Brig.-Gen. »Billy« Mitchell, stellvertretender Chef des Air Service, vor einem Schulflugzeug für Fortgeschrittene vom Typ Lewis & Vought VE-7 im Mai 1920. Von der VE-7 wurden nur wenige Exemplare hergestellt, weil der Bedarf für Flugzeuge dieser Art dadurch gedeckt wurde, daß man die Curtiss JN-4 mit einem Hispano-Motor zur JN-4H umwandelte.

Einer der frühen »großen Bomber« war dieser XNBL-1 »Barling Bomber«, ein Einzel-
stück, entworfen von Walter Barling von der Pionier-Abteilung und gebaut von der
Witteman-Lewis Company in Teterboro, New Jersey. Er war leistungsschwach, langsam und kam nicht über die Appalachen hinweg und wurde deshalb 1928 abgewrackt.

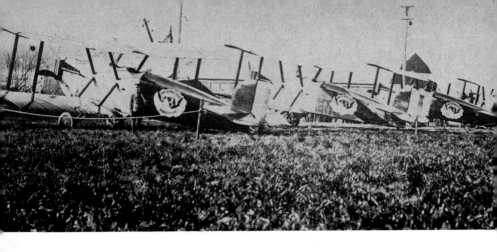

Oben Die vier extra gebauten Douglas DWC (Douglas World Cruiser) vor dem Start zu ihrem historischen Flug am 6. April 1924. Zwei DWC gibt es noch als Ausstellungsstücke: eine im Smithsonian Institute, die andere im Air Force Museum.

Unten Eine schlechte, aber historische Aufnahme von einer Douglas DWC im Flug bei Seattle, Washington, kurz vor Beginn des Versuches, um die Welt zu fliegen.

Oben   Die britische Flotte leistet Hilfe beim Auftanken der Douglas World Cruiser *New Orleans* in Houton Bay, auf den schottischen Orkney Inseln.
Unten   Ein seltener Vogel um die Mitte der zwanziger Jahre war diese einzige XCO-5 der Pionier-Abteilung, eine Variante der TP-1. Lt. John A. Macready benutzte sie, als er am 29. Januar 1926 mit 12 901 m den Höhenweltrekord aufstellte.

Oben Lt.»Jimmy« Doolittle mit der Curtiss R3C-2, mit der er am 26. Oktober 1925 den Schneider Cup für die USA gewonnen hatte. Zwei Wochen vorher hatte die gleiche Maschine mit Fahrwerk und der Bezeichnung R3C-1 Lt. Cy Bettis im Rennen um die Pulitzer Trophy den Sieg gebracht.
Unten Lt. H. H. Mills mit der R3, nachdem er 1924 das Rennen um die Pulitzer Trophy gewonnen hatte. Die R3 hatte Alfred Verville von der Pionier-Abteilung entworfen. Sie war von der Sperry Aircraft Company gebaut und hatte einen 500-PS-Curtiss-D-12-Motor. Man beachte das bereits vorhandene einziehbare Fahrwerk.

Oben Vier der Amphibienflugzeuge 15 OA-1, die von der Loening Aeronautical Engineering Corporation gebaut wurden, benutzte der Air Service für einen 38 000 km langen Goodwill-Flug durch Mittel- und Südamerika.
Unten Die Loening OA-1 *New York,* das Flaggschiff des Panamerika-Fluges. Mit dem Leiter der Expedition, Major Herbert A. Dargue, als Pilot kommt die Maschine in Fort de France Bay auf Martinique ans Ufer.

Die DH-4 hat der Luftwaffe fast 13 Jahre lang gute Dienste geleistet. Wahrhaftig ein Mädchen für alles: Sie war Luftambulanz, Zielscheibenschlepper, Schulflugzeug und diente zum Legen von Gassperren. Hier eine Version als Foto-Aufklärungsmaschine.

Am 27. Juni 1923 praktizierte der Air Service als erster das Auftanken in der Luft. Anfang 1929 wurde dieses Verfahren bei dem Versuch angewandt, einen Weltrekord im Dauerflug aufzustellen. Hier sieht man die Fokker F-VIIA/3m bei Probeflügen im Dezember 1928; die Bezeichnung des Air Service war C-2A, aber bekannt wurde sie unter ihrem Namen *Question Mark* (»Fragezeichen«).

Rechts oben   Das Tanken in der Luft wurde vor dem Rekordversuch immer wieder geprobt. Ein kombiniertes Fracht- und Personenflugzeug vom Typ Douglas C-1 diente als fliegender Tanker.
Rechts unten   Vom 1. bis 7. Januar 1929 blieb die *Question Mark* unter ihrem Kommandanten Major Carl Spaatz fast 151 Stunden in der Luft. Das Bild zeigt das Auftanken in der Luft während des Rekordversuchs über Burbank, Kalifornien.

Anfang der dreißiger Jahre stehen Curtiss P-6E Hawks aufgereiht im Hauptquartier des Air Corps. Die P-1 Hawk trug als erste Maschine das Serienzeichen P für *Pursuit* (»Jagd«).

Oben Lt.-Col. »Hap« Arnold (links) und Major Ralph Royce studieren die Route, welche 10 Bomber nach Alaska fliegen sollten. Ihnen lag daran zu beweisen, daß die neuen B-10-Bomber entfernte Stützpunkte verstärken konnten.
Unten Die Martin B-10 nach einem Flug ohne Zwischenfälle auf dem Flugplatz von Fairbanks, Alaska.

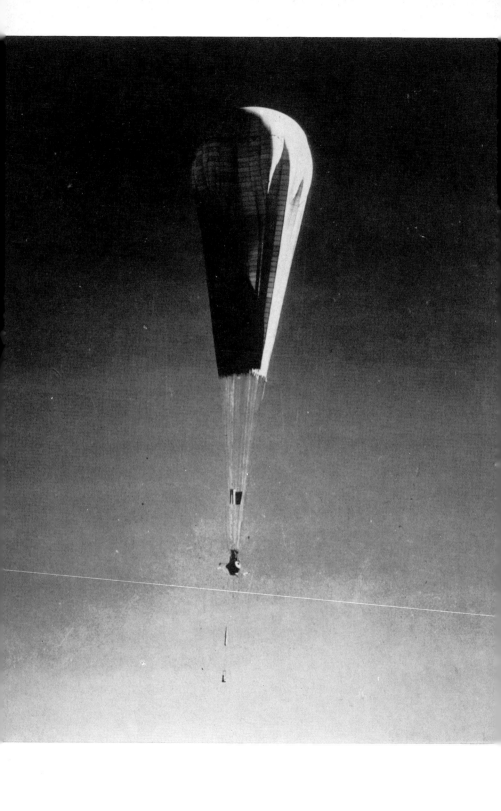

Links Selbst um die Mitte der dreißiger Jahre konnten Ballons immer noch nützliche Dienste tun. Am 28. Juli 1934 trug der *Explorer,* ein gemeinsamer Ballon des Air Corps und der National Geographic Society, Major W. E. Kepner und die Captains A. W. Stevenson und O. A. Anderson in eine Höhe von 20 204 m.

Eine Reihe der von Boeing gebauten DH-4M vor einer Generalinspektion im Sommer des Jahres 1928.

Als erster Ganzmetall-Eindecker unter den Jagdflugzeugen des Air Corps wurde die Boeing P-26 bei vielen Jagdstaffeln eingesetzt. Als das Air Corps 1933 vom Typ P-26A 136 Maschinen bestellte, war das der größte Auftrag seit elf Jahren.

Links Eine Formation von Boeing P-26A. Die Höchstgeschwindigkeit dieser Jäger lag bei etwa 370 km/h; die Bewaffnung bestand aus zwei festen nach vorn feuernden 0,3-inch-Maschinengewehren. 56 kg Bombenlast konnte in einer Halterung außen mitgeführt werden.

Links Der Forschungsballon *Explorer II* des Air Corps in der Nähe von Rapid City, South Dakota. Bald darauf stellten Capt. A. W. Stevens und O. A. Anderson am 9. November 1935 mit 24131 m einen neuen Höhenrekord auf.

Oben Die Douglas B-18 war 1939 die wichtigste Waffe des Air Corps. Sie war aus dem zivilen Transportflugzeug DC-2 entwickelt worden und erreichte in 3300 m eine Höchstgeschwindigkeit von 345 km/h.
Unten Der andere Hauptbestandteil des Air Corps von 1939 war die Northrop A-17A, ein mit fünf Maschinengewehren bewaffneter Jäger, dessen Höchstgeschwindigkeit 350 km/h betrug.

Die P-38 Lightning war das erste Militärflugzeug der Lockheed Company. Lockheed entschied sich für eine zweimotorige Konstruktion, um einer Ausschreibung von 1937 zu genügen. Der revolutionäre Doppelrumpfjäger war schwerer als manche zeitgenössische Bomber. Diese P-38G aus dem Jahr 1943 hatte eine Höchstgeschwindigkeit von nahezu 640 km/h.

Oben   Der Krieg in Europa spornte die amerikanische Flugzeugindustrie an, modernere Waffen herzustellen. Als eine der ersten wurde die Bell P-39 Airacobra in Dienst gestellt. Der Motor ist im Rumpf hinter dem Piloten untergebracht. Die Bewaffnung war eine in der Nase eingebaute Schnellfeuerkanone von 37- oder 25-mm-Kaliber.
Unten   Die Kategorie der Kampfflugzeuge wurde von der Douglas Havoc vertreten. Hier eine A-20G mit einem elektrisch betriebenen Geschützstand auf dem Rumpf.

Oben Nach dem Vorbild von zeitgenössischen britischen Jägern hatte diese Republic P-47D Thunderbolt acht 0,5-inch-Maschinengewehre (12,7 mm) in den Tragflächen.
Unten Die B-18 wurden bald von einer neuen Bombergattung verdrängt. Die Martin B-26 Marauder war ein zweimotoriger Mittelstreckenbomber mit einer Geschwindigkeit von 480 km/h.

Oben Das Flugzeug, das den Namen von »Billy« Mitchell erhielt: die North American B-25 Mitchell. Die erste Maschine des Typs wurde 1941 beim 17. Bombergeschwader in McChord Field in Dienst gestellt.

Unten Die viermotorige Consolidated B-24 Liberator wurde in größerer Zahl als irgendein anderes amerikanisches Flugzeug im Zweiten Weltkrieg gebaut; die Maschine konnte eine Bombenlast von rund 4 t tragen.

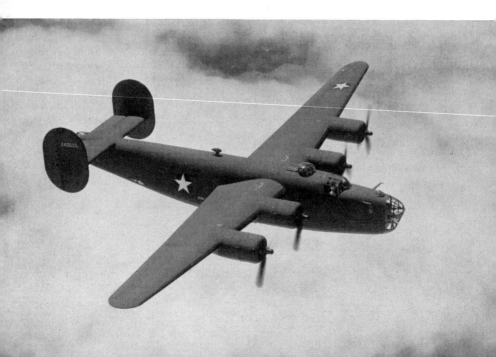

Oben Der bekannteste unter den Bombern der USAAF während des Krieges war die Boeing B-17 »Fliegende Festung«. Die hier gezeigte B-17E hatte mit 2 t Bombenlast eine Reichweite von 3850 km; über eine kürzere Strecke konnte sie eine Bombenlast bis zu 8,8 t mitführen.

Unten Der Erfolg der deutschen Ju 87 als Sturzkampfflugzeug veranlaßte das Air Corps, die Entwicklung der Douglas A-24 stärker vorantreiben zu lassen. Die Douglas A-24 ist eine Weiterentwicklung der Douglas SBD der US Navy.

Nur wenig mehr als vier Monate nach dem japanischen Angriff auf Pearl Harbor führte Lt.-Col. »Jimmy« Doolittle den nach ihm benannten Überfall auf Tokio aus. Zu diesem Angriff startet hier eine B-25 Mitchell vom Flugzeugträger *Hornet*.

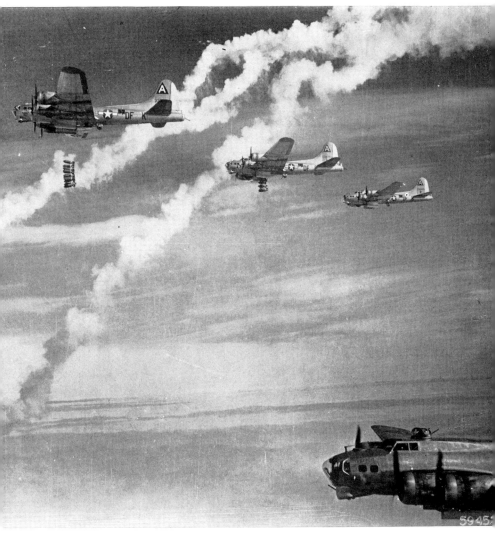

B-17-Bomber von der 8. Luftflotte an der Spitze der Tagesangriffe auf Deutschland.
Die Rauchschwaden stammen von Markierungsbomben, die vorausfliegende Maschinen abgeworfen haben.

Bei einem Angriff sog. Fliegender Festungen fallen 1943 Bomben auf Bremen.

Bombenreihen fallen aus den B-17, während in nächster Nähe deutsche Flakgranaten krepieren.

Wie genau die USAAF bei ihren Tagesangriffen bombardierte, sieht man an den Detonationen beim Angriff auf einen deutschen Flugplatz bei Marienburg.

Rechts oben Die Aufnahme zeigt deutlich, unter welchen Bedingungen die B-24 Liberators die Raffinerie in Ploesti angreifen mußten.
Rechts unten In Flammen eingehüllt eine der Liberator-Maschinen, die nicht zurückgekehrt ist.

Oben Die unverwüstliche C-47 (als Zivilflugzeug DC-3) vom Air Transport Command befördert über den ägyptischen Pyramiden Nachschub.
Unten Der Pilot dieser P-47 Thunderbolt von der 9. Luftflotte machte eine Bruchlandung, rettete sich aber unmittelbar, ehe seine Maschine in Flammen aufging.

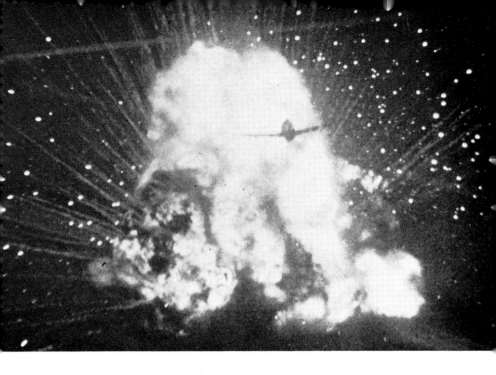

Oben　Der Pilot dieser Thunderbolt kam mit dem Leben davon, als sich seine Maschine unmittelbar über einem explodierenden deutschen Munitionstransport befand.
Unten　Eine P-47 rollt zu ihrem Abstellplatz, den Weg zeigt ein Mann vom Bodenpersonal auf der einen Tragfläche.

B-26 Marauder von der 9. Luftflotte
greifen den Rangierbahnhof von Namur
in Belgien an.

Nach einem Volltreffer aus einem 88-mm-Geschütz verliert diese Marauder einen Motor und stürzt wenige Sekunden später ab.

Die Marauder waren ein wichtiger Bestandteil der 9. Luftflotte; sie konnten bei etwa 480 km/h bis zu 2 t Bombenlast mitführen.

Oben   Die North American P-51, eines der großen Jagdflugzeuge des Zweiten Weltkrieges, ermöglichte es, daß den Bombern, die am Tage über Feindesland flogen, Jagdschutz gegeben werden konnte.

Unten   Bei der Vorbereitung der Invasion in Frankreich wurden Lastensegler gründlich erprobt. Diese Curtiss C-46 Commando hat eine 15/16sitzige Waco CG-15A Had-
rian im Schlepp.

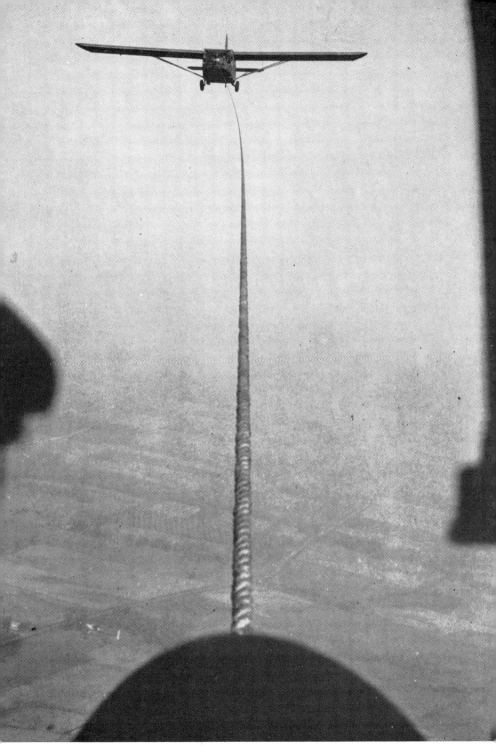

Ungewöhnliche Ansicht einer Waco YCG-13, des größten amerikanischen Seglers im Zweiten Weltkrieg.

Oben   Am Tag der Invasion waren riesige Geschwader von Schleppflugzeugen und Lastenseglern bereit, an strategischen Punkten Truppen abzusetzen. Hier schleppen zwei Douglas C-47 ihre Lasten über die Küste der Normandie.
Unten   Ein Verband von Mustangs der 375. Jagdstaffel der 361. Jagdgruppe, die in Großbritannien stationiert war.

Oben Nach der Einsatzliste auf dem Rumpf dieser B-26 Marauder von der 554. Bomberstaffel der 386. Bombergruppe trug sie ihren Namen »Räuber« zu Recht. *Unten* Ihr Rekord wurde übertroffen von *Bar Fly,* einer B-26 der 9. Luftflotte, die schließlich beim Start abstürzte, nachdem sie 175 Einsätze überstanden hatte.

Oben B-26 Marauder der 323. Bombergruppe rollen auf einem verschneiten französischen Flugplatz zum Start.
Unten Schweres Flakfeuer begrüßt Marauder-Bomber, die deutsche Anlagen bei Dieppe angreifen. Das vorderste Flugzeug wurde schwer beschädigt, der Bombenschütze getötet und zwei weitere Angehörige der Besatzung verwundet.

Der von den Deutschen besetzte Flughafen Amsterdam-Schiphol wurde regelmäßig
von der 9. Luftflotte angegriffen.

Die Anstrengungen der Alliierten galten zum großen Teil der Zerstörung des deutschen Verkehrsnetzes. Hier Marauder über dem deutschen Haslach.

Oben Hier fällt ein Bombenteppich auf eine große Lastwagen-Reparaturwerkstätte in der Nähe der Front.
Unten Die Halbinsel Cherbourg, einer der letzten Abschnitte, der sich den Amerikanern ergab, wurde regelmäßig von der 9. Luftflotte heimgesucht.

Oben Ungewöhnlicher Einsatz einer B-26 Marauder im Tiefflug gegen eine deutsche Fabrik; in den Bäumen kann man Geschoßgarben aus der Bugkanone sehen.
Unten Um die Geschwindigkeit der Marauder zu erhöhen, entfernte man den Tarnanstrich. Ein blitzblank polierter Verband verläßt England in Richtung Frankreich.

Rechts Angriffe gegen feindliche Befestigungen zur Unterstützung der Truppe waren oft verlustreich. Diese brennende Marauder wurde von konzentriertem Flakfeuer getroffen.

Oben   Dies seltsam aussehende Flugzeug sind in Wirklichkeit zwei Douglas A-26 Invaders beim Angriff auf den Westwall.
Unten   Lockheed P-38 Lightning-Jäger der 15. Luftflotte im Verband über Jugoslawien.

Oben Die 14. Luftflotte kämpfte am Ende des längsten Nachschubweges der Welt. Sie stützte sich auf die Tüchtigkeit amerikanischer Mechaniker und auch auf chinesische Hilfe, um eine Vielfalt von Flugzeugen zu warten, die auf anderen Kriegsschauplätzen abgewrackt worden wären.
Unten Freiluftwartung half nicht viel, ebensowenig der mehr als riskante Nachschub von Ersatzteilen.

Oben Im pazifischen Krieg konnten noch Flugzeuge aus einem anderen Zeitalter mitwirken. Diese Curtiss Hawk des Jahrgangs 1927 befördert 1944 Feldpost im oberen Assam.
Unten Ein Curtiss C-46-Kommando auf der »Hindernis«-Route nach China.

Unten Am anderen Ende der 800 km langen »Hindernis«-Route landet eine C-46.
Hier in Kunming stieß man auf Maj.-Gen. Chennaults *Flying Tigers*.

Dieser P-40 Tomahawk-Jäger scheint noch an einem Rest des von ihm zerstörten japanischen Zero-Jägers zu kauen.

Die Wartung fand bei der 14. Luftflotte unter primitivsten Verhältnissen statt. Ein chinesischer Soldat hält Wache.

Oben Im späteren Stadium des pazifischen Krieges tauchten P-51-Mustang-Jäger in China auf.
Unten Eine weitere Verstärkung für die 14. Luftflotte waren die B-24. Im Durchschnitt versenkten sie pro Einsatz 800 t Schiffstonnage.

Oben   Lt. Richard Bong im Cockpit seiner P-38 Lightning in Neuguinea. Mit 40 ab-
geschossenen Feindflugzeugen wurde er zu einem der amerikanischen Fliegerasse.
Unten   Curtiss P-40 Warhawks wurden auf allen Kriegsschauplätzen eingesetzt.
»Sue« von der 51. Jagdgruppe war in Indien stationiert.

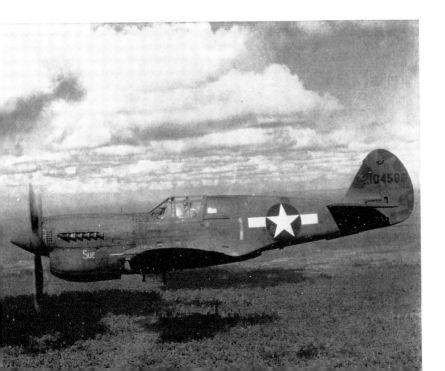

Links Ursache und Wirkung. Eine B-25 von der 345. Bombergruppe greift vor der chinesischen Küste eine japanische Fregatte an, erzielt spektakuläre Ergebnisse und beendet das Unternehmen erfolgreich.

Oben Die Sikorsky R-4 war der erste brauchbare Hubschrauber, den die amerikanischen Streitkräfte verwendeten. Diese YR-4B wurde in Burma unter tropischen Bedingungen erprobt.
Unten Consolidated B-24 Liberators bestimmten vor allem im pazifischen Raum das Kriegsgeschehen mit. Hier sieht man *Bolivar Jr.* im Jahre 1945 über den Marianen.

Oben Die Nachtjäger vom Typ Northrop P-618 Black Widow operierten von den Marianen aus. In der Nase des Rumpfes waren sie mit AI-Radar ausgerüstet.
Unten Eine Nachtjäger-Version P-38M der Lightning tauchte im späteren Stadium des Krieges im pazifischen Raum auf.

Die P-51 Mustang war im Pazifik nicht minder nützlich. Diese Maschinen des 1. Air Commando patrouillieren in Burma über den Chin Hills.

Die Boeing B-29 »Superfestung« ermöglichte es General Curtis Le May, Japans Groß-
städte bei Nacht im Tiefangriff mit Brandbomben heimzusuchen. Die B-29 *Enola Gay*
(oben) führte eine noch verheerendere Waffe mit: die Atombombe *Little Boy* (unten).
Eine Bombe dieses Typs wurde am 6. August 1945 über Hiroshima abgeworfen.

Oben Die Besatzung der *Enola Gay*. Der Kommandant Paul W. Tibbets ist der zweite von links.
Unten Die Atombombe *Fat Boy*, die von der B-29 *Bock's Car* am 9. August 1945 auf den Kriegshafen von Nagasaki abgeworfen wurde.

Links   Am Fuß dieser hochragenden Rauchwolke liegen die Trümmer von Nagasaki. Fünf Tage nach dieser Atomexplosion kapitulierten die Japaner.

Oben   Die Entwicklung von Kernwaffen wurde nach Beendigung des pazifischen Krieges fortgesetzt. Dieses dramatische Bild zeigt eine atomare Unterwasserexplosion im Pazifik.

Unten   Noch spektakulärer war diese Explosion im Bikini-Atoll am 25. Juli 1946.

Es war zwangsläufig, daß sich die Luftwaffe in der Nachkriegszeit Übungen wie dieser *Operation Combine* zuwendete, bei der Fairchild C-82 Packets ihre Ladung von Fallschirmjägern ausspeien.

Die Berliner Luftbrücke. Hier folgt ein Flugzeug der Anflugbefeuerung zum Flughafen Tempelhof in Berlin.

Oben Die Allzweck-Maschinen C-47 werden in Tempelhof entladen.
Unten Die Berliner Luftbrücke ging Tag und Nacht weiter und schuf komplizierte Probleme für die Kontrolle des Luftverkehrs.

Oben In einer kritischen Phase des Krieges in Korea wurden die Düsenjäger North American F-86 Sabre einsatzbereit.
Unten Die Sikorsky H-19 Chickasaw erwies sich in Korea sehr bald als wertvoll. Hier zeigt sie, wie man hinter den feindlichen Linien gelandete Piloten rettet.

Oben   Die rasche Beförderung von Verwundeten auf dem Luftweg führte zu einer radikalen Verringerung der tödlichen Verluste. Diese Bell H-13 Sioux fliegt einen Verwundeten in ein modernes Lazarett in Südjapan.

Unten   Eine H-19 Chickasaw simuliert einen Rettungsflug über dem Fluß Han in der Nähe von Seoul.

Oben Eine psychologisch wichtige Ladung – Feldpost – für Fronttruppen wird in einen Hubschrauber verladen.
Unten Solche kombinierten Rettungsoperationen haben viele Menschenleben gerettet. Eine Kurzstrecken-Sikorsky H-5 trifft sich mit einem SA-16-Amphibienflugzeug, das Verwundete in ein Etappenlazarett bringt.

Oben Die ungewöhnliche Aufnahme zeigt die vier bedeutendsten Kampfflugzeuge im Koreakrieg. Oben links eine F-82 Twin Mustang, links davon eine F-80 Shooting Star, rechts davon ein F-94 Starfire Allwetterjäger, der aus der F-80 entwickelt wurde, und unten ein F-86 Sabre Düsenjäger.

Unten Eine F-80 Shooting Star startet, um feindliche Linien in Korea zu beschießen.

Oben Die Republic F-84 Thunderjet hat sich in Korea bei Angriffen zur Abriegelung des Feindes bewährt. An diesem Flugzeug wurde auch das Verfahren für Betanken von Düsenjägern in der Luft entwickelt.

Unten Die F-84 Thunderjet führte neben der üblichen Bewaffnung Bomben und Raketen mit.

Oben Auch die Langstreckenbomber vom Typ B-29 »Superfestung« spielten in Korea eine wichtige Rolle. Hier werden militärische Ziele in Rashin mit Bomben eingedeckt.

Unten In Korea wie auf allen Kriegsschauplätzen waren die Transporte entscheidend wichtig. Hier landet eine Fairchild C-119 Boxcar vor zwei F-80-Jägern.

Oben Der erste »Riese«, eine Douglas C-124 Skymaster, trifft mit 11 t Fracht und 14 Fluggästen auf einem Feldflugplatz in Korea ein. Die Tragfähigkeit betrug 37 t Güter oder 200 Soldaten.

Unten Sogar Schulflugzeuge erfüllten in Korea eine Aufgabe. Diese North American T-6 wurden verwendet, um Ziele ausfindig zu machen und den schwerbewaffneten Jägern die Angriffsrichtung zu weisen.

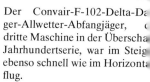

Der Convair-F-102-Delta-Da
ger-Allwetter-Abfangjäger,
dritte Maschine in der Übersch
Jahrhundertserie, war im Steig
ebenso schnell wie im Horizonta
flug.

Als erstes Flugzeug der Jahrhundertserie war die North American F-100 Super Sabre der erste im Einsatz befindliche Jäger der Welt, der im Horizontalflug Überschallgeschwindigkeit erreichte.

Der F-101-Voodoo-Jäger der McDonnell Aircraft Company
hatte die damals phantastische Reichweite von 4480 km und
eine Höchstgeschwindigkeit von mehr als 1900 km/h.

Lockheed F-104 Starfighter i
Verband. Dieser Abfangjäg
konnte als erster horizontal n
mehr als doppelter Schallg
schwindigkeit fliegen.

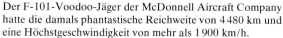

Die Entwicklung ging damals in viele Richtungen. Dieses B-36D »Mutterflugzeug« war darauf eingerichtet, ein schnelles Aufklärungsflugzeug zu starten und wiederaufzunehmen.

Die RB-36D mit einer Spannweite von 77 m war das größte jemals von der USAF in Dienst gestellte Flugzeug. Es hatte sechs Motoren mit Schubpropellern und vier Strahltriebwerke unter den Flügeln.

Republic F-105 Thunderchief konnte außen eine Last von 7 t bei einer Höchstgeschwindigkeit von mehr als 2240 km/h mitführen.

Die Douglas C-133 Cargomaster, ein schwerer strategischer Frachter, konnte 200 Soldaten befördern und hatte einen Laderaum von 366 cbm.

Oben   Noch größer war die Lockheed C-141 Star Lifter.

Mitte   Auch neue Bombenflugzeuge wurden allmählich in Dienst gestellt. Diese Boeing B-47 Stratojet entfaltet beim Landen einen Bremsfallschirm.

Unten   Ihr folgte die Boeing B-52, der wichtigste Bestandteil der Abschreckungs-Streitmacht des Strategic Air Command (SAC). Hier führt sie zwei Hound-Dog-Raketen mit.

Oben Das Auftanken in der Luft aus einem Boeing-KC-135-Flugtanker ermöglicht es den B-52 des SAC, so lange wie nötig in der Luft zu bleiben.
Unten Das Auftanken in der Luft wurde eingeführt, um die Reichweite von Luftfahrzeugen aller Art zu vergrößern. Hier ein schwerer Hubschrauber.

Oben Hier nähert sich ein Douglas RB-66 Destroyer dem Heckmundstück eines KB-50-Tankflugzeuges.
Unten Gleichzeitig mit der neuen Flugzeuggeneration stellten sich die ersten Raketen ein. Die erste Flugbombe der USAF war die Matador mit einfacher Funksteuerung.

Oben Ihr folgte die Snark mit einer Reichweite von nahezu 10 000 km; sie konnte einen 2,5 t nuklearen Sprengkopf befördern.

Unten Die Matador wurde schließlich durch die modernere Mace ersetzt, die hier hinter dem Stacheldrahtzaun zu sehen ist.

Links Eine Thor-Rakete, hier kurz vorm Verlassen der Startrampe.
Mitte Jupiter beim Start in Cap Canaveral. Sie war eine Zeitgenossin der Thor.
Rechts Die erste von einer unterirdischen Basis gestartete Titan II auf dem Weg in den Weltraum.

Linke Seite Die erste interkontinentale Rakete (ICBM) war die Atlas: hier beim Start.

Oben Die Filmbilder zeigen den Start einer Titan II von einer unterirdischen Basis. *Unten* Das Forschungsflugzeug North American X-15 steigt in den Nachthimmel des Weltraums empor.

Die Convair B-58 Hustler, der erste Überschallbomber der USAF, beim Start (oben), noch eindrucksvoller im Flug (unten) mit einem riesigen abwerfbaren Behälter unter dem Rumpf.

Die Boeing-Bomarc-Boden-Luft-Abfangrakete beim Start und in der Luft.

Oben Der Abfangjäger Lockheed YF-12A, ein Versuchsflugzeug, dessen Existenz erstmals 1964 bekanntgegeben wurde. Er hat eine Höchstgeschwindigkeit von mehr als dreifacher Schallgeschwindigkeit.
Unten Ein strategisches Aufklärungsflugzeug SR-71 des SAC erhält Treibstoff von einem KC-135-Tankflugzeug.

Um über drohende Raketen- oder Flugzeugangriffe rasch unterrichtet zu werden, wurde ein weltweites Netz von Frühwarnanlagen geschaffen. Oben eine Raketen-Frühwarnanlage (BMEWS) in Thule auf Grönland; unten eine weitere Anlage auf einem Berggipfel in Spanien.

Oben Texas-Tower-Frühwarn-Radarstation etwa 100 Meilen vor der Küste der USA.
Unten Die Radar-Reichweite ist größer von einer fliegenden Station. Deshalb wurde die Lockheed RC-121C so ausgerüstet, daß sie neben einer Besatzung von 31 Mann Radar- und elektronische Geräte im Gewicht von etwa 6 t auf Langstreckenflügen mitführen kann.

Oben　Die rund um die Welt gesammelten Informationen werden dem unterirdischen Hauptquartier des Strategic Air Command zugeleitet, wo sie jeden Tag rund um die Uhr abgehört werden.

Unten　Dieses Communication Status Centre gewährleistet die Zuverlässigkeit des weltweiten Nachrichten-Systems des SAC.

Oben Für die Aufgabe der USAF ist es nicht minder wichtig, daß Military Air Lift Command (MAC) und Tactical Air Command (TAC) in der Lage sind, bei jedem Wetter riesige Mengen von Truppen mit ihrer Ausrüstung überallhin zu transportieren.
Unten Der Krieg in Vietnam hat fern der amerikanischen Heimat wiederum den Bedarf an großen Transportflugzeugen unterstrichen. MAC und TAC verfügen, wie man hier auf dem Flugplatz Tan Son Nhut bei Saigon sehen kann, über eine Vielzahl von Typen. Im Vordergrund eine Boeing C-97 Stratofreighter.

Oben Eine Fairchild C-123 Provider manövriert auf einer schmalen Piste in Dan Tieng, Vietnam.

Mitte Eine Douglas C-124 Globemaster II in Tan Son Nhut. Sie hat ein Startgewicht von 97 t.

Unten Eine Lockheed C-130 Hercules, ein taktisches Transportflugzeug, in Tan Son Nhut. Als Vielzweck-Transportflugzeug der USAF kann die C-130 auf Front-Pisten starten und landen.

Oben Die Douglas C-133 Cargomaster, hier in Tan Son Nhut, kann alle Mittel- und Langstreckenraketen der USAF transportieren und hat ein maximales Startgewicht von 137 t.

Mitte Eine Lockheed C-141 Star Lifter in Vietnam. Sie ist ein Langstreckentransporter mit einem Brutto-Startgewicht von 162 t und kann eine Minuteman-Rakete befördern.

Unten Die Boeing C-135, eine Nichttanker-Version der bekannten KC-135, kann mindestens 126 Soldaten oder 45 t Fracht befördern und 14 700 km weit fliegen.

Oben Ihrer aller Großvat‹
die Lockheed C-5A Galaxy, t‹
jetzt in die Dienste des M‹
und kann bis zu 270 Soldat‹
oder eine militärische Nutzl‹
von annähernd 120 t beförder‹
Unten Der von Boeing e‹
wickelte Flugausleger, hier ‹
einen KC-97A Stratofreigh‹
montiert, hat das Lufttanken ‹
leichtert, das in Vietnam ‹
einer der wichtigsten techn‹
schen Operationen wurde.

92591

Oben/Mitte Hier senkt ein
KC-135-Stratotanker über Vietnam den Tankausleger, um eine
B-52 aufzutanken, die vom weit
entfernten Guam aus eingesetzt
wird.
Unten Diese F-105 Thunderchief warten darauf, auf ihrem
Weg zu Zielen in Nordvietnam
von einer KC-135 aufgetankt zu
werden.

Oben Vietnam hat die Entwicklung der neuesten Maschinen der USAF erlebt. Hier werfen F-4C Phantoms ihre Bomben unter Radarkontrolle ab.
Unten Eine McDonnell F-4C Phantom landet unter Einsatz ihres Bremsfallschirms in Südvietnam.

Dieser F-111-»swing-wing«-Jäger (oben) war auch in Vietnam eingesetzt und wird hier
mit völlig eingeschwenkten Flügeln gezeigt (unten).

Eine Cessna 0-1E eines vorgeschobenen Luftbeobachtungspostens stößt auf eine Ansammlung des Vietkong hinab (oben) und feuert eine Rauchrakete ab, um diese Stelle für Kampfflugzeuge zu markieren (unten).

Rechts oben Eine einsatzbereite Canberra B-57.

Rechts Mitte Zur psychologischen Kriegführung gehörten Flugblätter, die hier von einer Douglas C-47 abgeworfen werden, um Vietkongtruppen zur Kapitulation zu bewegen.

Rechts unten »Speaker Bird« (Helio U-10) und »Sister Gabby« (C-47), die von Binh Thuy aus operieren, werfen als ihren Beitrag zur psychologischen Kriegführung Flugblätter ab und senden Bandaufnahmen.

Oben Vorräte treffen in F
nähe nicht nur mit Hubsch
bern ein, sondern werden
aus der Luft abgeworfen —
aus einer C-130 Hercules
Junction City in der Pr
Tay Ninh.
Unten Diese C-123K
Fracht aus ihrer Hecktür ab

Oben Hubschrauber haben in Vietnam abermals ihren Wert bewiesen. Die HH-3E rettet eine Flugzeugbesatzung.

Unten Eine HH-43 Huskie mit Feuerlöschausrüstung erschien rasch genug, um ernste Schäden an dieser A-1E Skyraider zu verhüten, die in Da Nang eine Bauchlandung gemacht hatte.

Oben Eine HH-43 startet von ihrem Stützpunkt in Südvietnam zu einem Rettungsflug.
Unten Die aus Großbritannien stammende B-57 Canberra hat in Vietnam – zumal in
ihrer Version RB-57 als Aufklärungsflugzeug – nützliche Dienste getan.

Selbst ein bescheidenes Schulflugzeug kann im Kriege eingesetzt werden. Schulflugzeuge vom Typ Cessna A-37 haben in der veränderten Version A-37A bei der 604. Taktischen Jagdstaffel in Bien Hoa Dienst getan. Wurden sie zur Jagd auf den Vietkong eingesetzt (Mitte), so konnten sie eine Salve von 38 70-mm-Raketen abfeuern (unten).

Oben F-105 Thunderchi⦅
unterwegs zu Zielen in Nor⦅
vietnam.
Unten Solche Ziele traf m⦅
häufig unterwegs: eine währe⦅
eines Luftkampfes fotografie⦅
nordvietnamesische MiG-17.

Oben Ein neues Kranken-
transportflugzeug von MAC, die
McDonnell Douglas C-9A, ermöglicht Lazarettpflege für bis
zu 30 Patienten auf Tragen.
Unten F-105 Thunderchief,
die unter Radarkontrolle einer
B-66 Destroyer fliegen, bom-
bardieren Nordvietnam im
Schutz niedriger Wolken.

Oben   Unmittelbar an der Front in Vietnam waren Flugzeuge als vorgeschobene Luftbeobachter (FAC = Forward Air Controller) eingesetzt. Im Laufe des Krieges wurden die zuerst hierfür umgebauten Flugzeuge durch Spezialmaschinen wie diese Cessna 0-2A ersetzt.

Unten   Die North American OV-10 Bronco, die für FAC- und COIN-Operationen (Aufstandsbekämpfung) verwendet wurde, konnte eine gemischte Ladung von anderthalb Tonnen mitführen.

Oben Die Lockheed SR-71A, noch 1973 eines der schnellsten Flugzeuge der Welt, erwies sich als überaus wertvoll, um breitgespannte Aufklärung über die Operationen in Südostasien zu liefern.

Unten Der ultrahoch fliegende strategische Aufklärer RB-57F mit großflächigen Flügeln und einer Spannweite von 41 m sowie einer für elektronische Geräte verlängerten Nase.

Oben Die großen, im Betrieb aufwendigen und leicht verwundbaren Lockheed EC-121 R, die zunächst als Relaisflugzeuge dienten, wurden durch die vorhandenen kleinen Beechcraft-Bonanzas mit der Bezeichnung QU-22B ersetzt. Diese waren für ihre Aufgabe besonders ausgerüstet und flogen gewöhnlich ferngelenkt, hatten aber zur Überwachung der elektronischen Geräte einen Beobachter an Bord.

Unten und rechts Weil der Vietkong und seine Verbündeten so mühelos einsickern konnten, waren Beobachtungs- und Überwachungsflugzeuge der USAF von größter Bedeutung. Eine noch so eindrucksvolle Streitmacht war nutzlos, wenn man den Feind nicht lokalisieren konnte. Das erklärt, warum die Boeing-C-135-Transporter allmählich ihre schlanke Linie verloren, als sie immer mehr elektronisches Gerät aufnehmen mußten. Dieses wuchs in verwirrender Vielfalt auf Nasen, Rumpf und Flossen: hochentwickelte Infrarot-Apparate, die gegen Hitzestrahlen empfindlich waren, besondere Radargeräte und sogar »Menschen-Schnüffler« sollten bei der endlosen Suche helfen.

Oben Die F-105D hatte
12 700 m Höhe eine Höchstg
schwindigkeit von über 22
km/h. Beim Aufsteigen hatte
eine Anfangsgeschwindigk
von ungefähr 10 km in der M
nute. Kein Wunder, daß sie v
Treibstoff benötigte, so daß d
Auftanken in der Luft ihr tägli
Brot war.

Unten Die Kämpfe in Vietna
unterschieden sich erhebli
von denen der beiden Weltkri
ge. Die Konfrontation riesig
Armeen wurde durch ein töd lö
ches Versteckspiel abgelö
Wurde der Feind lokalisiert,
galt es, ihn hart zu treffen, ehe
ausweichen konnte. Solche A
griffe flogen zuerst Maschin
wie die Republic F-105 Thu
derchief, die von den FAC he
beigerufen wurden. Abgebild
sind (hinten) eine F-105D m
voll integriertem Flug- ur
Feuerkontrollsystem sowie ei
F-105F als voll einsatzfähig
zweisitziges Schulflugzeug.

Oben 1952 beschloß die USAF, ein Düsenschulflugzeug für die erste Unterweisung anzuschaffen. Das führte zur Entwicklung der Cessna T-37, aber erst 1961 ging die Air Force zur durchlaufenden Ausbildung auf Düsenflugzeugen über.

Unten Die Phantom II wurde ursprünglich entwickelt, um dem Bedarf der Marine nach einem Langstrecken-Allwetter-Angriffsjäger zu genügen (AH-1). Die USAF faßte den fast beispiellosen Entschluß, diesen Jäger mit nur geringfügigen Änderungen für die Luftwaffe zu übernehmen. Die endgültige Version F-4E hatte eine nach vorn feuernde mehrläufige 20-mm-Kanone und konnte Luft-Luft-Raketen vom Typ Sparrow oder Sidewinder oder auch bis zu 8 t gemischter Ladung mitführen. Hier wird die RF-4C gezeigt, ein Aufklärungsflugzeug mit seitwärts gerichtetem Radar, Infrarot-Detektoren sowie vorwärts und seitwärts gerichteten Kameras.

Oben Die Auswertung des neuen Ausbildungsverfahrens zeigte, daß die Unterweisung auf der T-37, deren Betriebskosten viel höher lagen als bei einer kleinen Maschine mit Kolbenmotor, eine sehr aufwendige Methode war. Daher beschloß man im Juli 1964, für einen dreißig Stunden umfassenden ersten Ausbildungsabschnitt zu einer Maschine mit Kolbenmotor zurückzukehren; die Zeit wurde 1971 auf 16 Stunden verkürzt. Dabei benutzte man die Cessna T-41 Mescalero, worauf 90 Stunden (ab 1971: 82) in der T-37 folgten.

Unten Im März 1961 wurde dem Air Training Command in Randolph, Texas, das erste Überschallschulflugzeug, die Northrop T-38A Talon, übergeben. Sie hatte eine Geschwindigkeit von 1,2 Mach, und viele bezweifelten, ob ein Flugschüler von der etwa 650 km/h schnellen T-37 auf die Überschall-T-38 umsteigen könne. Zehn Jahre später besaß Air Training Command aber bereits etwa 1 000 dieser Flugzeuge.

Oben Als die USAF in Vietnam Erfahrungen gesammelt hatte, erkannte sie, daß eine bewaffnete Version des Schulflugzeuges T-37 für Nahkampfunterstützung, bewaffnete Aufklärung und FAC-Dienst wertvoll sein würde. Die kleine Cessna A-37 wurde mit einer mehrläufigen Minikanone bewaffnet und konnte 2,5 t Bombenlast mitführen. Die A-37 erwies sich als nützlich im Kampf gegen feindliche Truppen auf dem Vormarsch nach Südvietnam.

Unten Flugzeuge wie diese Fairchild AC-119K, die große Reichweite besitzen und viel Ausrüstung, Fühler, Kanonen und Munition mitführen können, wurden zu sog. »Kanonenbooten« umgebaut.

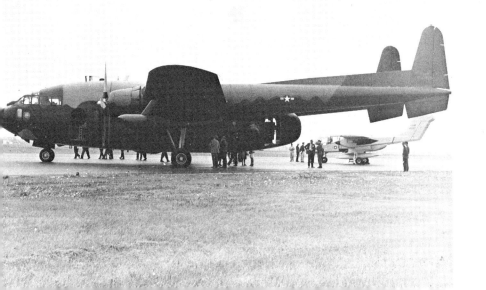

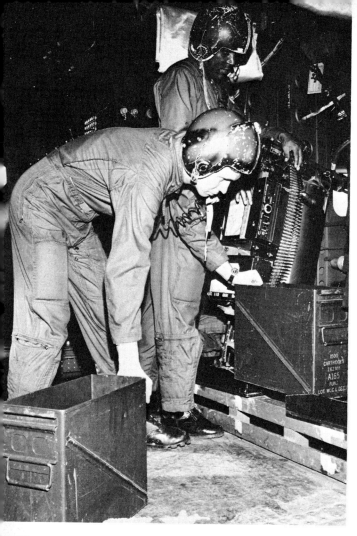

Oben Die Aufnahme im **I**nern des AC-119K-Kanone**n**bootes zeigt deutlich, eine **w** gute Geschützplattform sie a**b**gaben, wobei der Schütze reic**h**lich Platz und Kopffreiheit b**e**sitzt.

Unten Nachdem die USA**F** von der Flotte die F-4 Phanto**m** II übernommen hatte, zeigte **s** Interesse für die Vought Corsa**r** II. Geplant als Unterschalljäg**er** für Flugzeugträger, der schwe**re** Waffen mitführen konnte, wu**r**de für die USAF die A-7D **als** taktischer Jäger bestellt. S**ie** konnte 7,5 t verschiedene Wa**f**fen mitführen, u. a. Raketen.

Oben   Als eines der umstrittensten Flugzeuge stellte die USAF die General Dynamics F-111 in Dienst. Um den unterschiedlichsten Anforderungen – Kurzstarteigenschaft, Unter- und Überschallgeschwindigkeit in großen Höhen – zu genügen, wurde ein Schwenkflügel gewählt. Gegen Ende des Krieges in Vietnam erwiesen sich F-111A von der 474. Taktischen Jagdgruppe als so wirksam, daß sie als einzige Flugzeuge bei jedem Wetter und bei Tag oder Nacht gegen Flugplätze, Abschußrampen oder sonstige wichtige Ziele eingesetzt werden konnten. Das Bild zeigt eine F-111F.

Unten   Als strategischer Bomber hat die B-52 eine entscheidende Rolle gespielt; bis zur Feuereinstellung Anfang 1973 hat sie Ziele in Nordvietnam eingedeckt. Hier eine B-52D mit Nachttarnung. Obwohl der Typ erstmals 1955 in Dienst gestellt wurde, spielte er für das Strategic Air Command 1973 immer noch eine wichtige Rolle, und viele B-52 erhielten eine Ausrüstung zum Mitführen von 20 Kurzstrecken-Raketen (Short Range Attack Missiles = SRAM).

Oben   Das Military Airlift Command hat die gewaltige Aufgabe, für den Nachschub und die Evakuierung von Kranken oder Verwundeten zu sorgen. Bei den Operationen in Südostasien stützte man sich zunächst auf die Lockheed C-141A Star Lifter. Sie ist mit einer Allwetter-Landevorrichtung ausgerüstet und kann 154 Soldaten, 123 Fallschirmjäger, 80 liegende und 16 sitzende Verwundete oder mehr als 35 t Fracht 6 500 km weit befördern.

Unten   Dem Military Airlift Command wurde bald klar, daß die Leistung der C-141 verbessert werden mußte. Das führte zur Entwicklung der Lockheed C-5A Galaxy, die wegen ihrer enormen Baukosten ebenfalls ein umstrittenes Flugzeug war. Trotzdem hat sie sich in Vietnam als sehr nützlich erwiesen, weil sie mit großer Zuverlässigkeit 56 t Nutzlast bis zu 10 130 km weit beförderte.

Oben Die C-9A Nightingale war eigentlich ein Ziviltransporter aus der Reihe 30 der McDonnell Douglas DC-9. Sie ist innen so eingerichtet, daß 30 bis 40 liegende Patienten befördert werden können, die von zwei Krankenschwestern und drei Sanitätern versorgt werden; sie hat auch eine kleine Intensivstation. Zwei der drei Eingangstüren haben hydraulisch betätigte Treppen, die dritte eine hydraulische Rampe, um das Verladen der Tragbahren zu erleichtern.

Unten Schon im Korea-Krieg hatte sich gezeigt, wie nützlich Hubschrauber bei Kampfhandlungen sein können. Als die USAF in Vietnam eingesetzt wurde, kam sie in den Genuß verbesserter Hubschrauber. Hier befördert eine Sikorsky CH-3C ein 105-mm-Feldgeschütz zu einem vorgeschobenen Artillerieposten.

Oben Hubschrauber wurden benötigt, um nahe der Grenze nach Nordvietnam einen Rettungsdienst für Flugzeugbesatzungen, die über feindlichem Gebiet abgeschossen worden waren, einzurichten. Für diesen Dienst wurde die Sikorsky HH-53 bestellt, die man mit abwerfbaren Kraftstofftanks, Lufttankvorrichtung und einem Rettungskran ausgestattet hatte.

Unten »Drohnen« (ferngelenkte Flugkörper) werden seit Jahren bei den Streitkräften benutzt, gewöhnlich als Ziele für Schießübungen der Flak. Die Entwicklung der Elektronik hat den Bau von Aufklärungs-»Drohnen« ermöglicht, die Ziele aus der Nähe betrachten können, was für die Besatzung eines Aufklärungsflugzeuges zu riskant wäre. Dieses »Mutterflugzeug«, eine Lockheed DC-130, begibt sich auf einen Einsatz, bei dem sie ihre vier Aufklärungs-»Drohnen« starten und lenken soll.

Oben Das Air Force Systems Command hat die undankbare Aufgabe, für die Zukunft die bestmögliche defensive und offensive Streitmacht zu entwickeln. Als neues Navigations-Schulflugzeug hat es sich für die T-43A entschieden, eine besondere Version des Zivilflugzeuges Boeing 737. Sie wurde 1973 in Dienst gestellt und kann 12 Schüler, 4 fortgeschrittene Schüler und 3 Lehrer an Bord nehmen.

Unten Entscheidend wichtig sind die Flugzeuge, die bei der fliegenden Frühwarnung mitwirken. Um diese zu fördern, legt sich die Air Force ein neues Fliegendes Warn- und Kontrollsystem zu (Airborne Warning and Control System = AWACS). Dieser EC-137D-Prototyp, entwickelt aus der Boeing 707, besitzt ein hochmodernes nach unten gerichtetes Radar, das in einer großen rotierenden Rückenkuppel untergebracht ist.

Oben Um ein allen denkbaren Feinden überlegenes Kampfpotential zu behalten, hat das Air Force Systems Command die Entwicklung eines überlegenen Jägers eingeleitet. 1973 wurde für das Tactical Air Command die McDonnell Douglas F-15A Eagle hergestellt.

Unten Die USAF hat auch nicht das Potential von Flugzeugen, die im Weltraum fliegen können, aus dem Auge verloren. Auf Grund eines gemeinsamen Programmes mit der NASA entstand ein Versuchsflugzeug mit der Bezeichnung X-24B. Es wurde von Martin Marietta aus der früheren X-24A völlig umgebaut und machte am 1. August 1973, von einem »Mutterflugzeug« gestartet, seinen ersten motorlosen Flug.